1800 漢字 펜글씨 교본

1800 漢字 펜글씨 교본

시사정보연구원 편

1800 漢字 펜글씨 교본

개정 1쇄 인쇄   2023년 2월 1일
개정 1쇄 발행   2023년 2월 6일

지은이   시사정보연구원
발행인   권윤삼
발행처   도서출판 산수야

등록번호   제1-1515호
주소   서울시 마포구 월드컵로 165-4
우편번호   121-826
전화   02-332-9655
팩스   02-335-0674

ISBN 978-89-8097-588-4   13710

값은 뒤표지에 있습니다. 잘못된 책은 바꾸어 드립니다.

이 책의 모든 법적 권리는 도서출판 산수야에 있습니다.
저작권법에 의해 보호받는 저작물이므로
본사의 허락 없이 무단 전재, 복제, 전자출판 등을 금합니다.

머리말

두 글자 단어로 교육부 선정 교육용 기초한자 1800자를 손쉽게 익히는 책

우리나라를 포함하여 중국과 일본 등 동아시아 국가가 한자 문화권에 속해 있기 때문에 한자는 우리 생활과 밀접한 연관성을 지니고 있다. 우리말의 70퍼센트 이상이 한자로 구성되어 있고 순수 우리말을 제외한 단어가 대부분 한자식 조어이다. 따라서 한자의 뜻을 알지 못하면 문해력과 어휘력에서 뒤떨어질 수밖에 없지만 한편으로는 한자를 학습하면 우리말을 활용하는 능력도 자연스럽게 길러지고 중국어와 일본어를 공부하는 데도 큰 힘을 발휘한다.

요즘 젊은 세대가 사용하는 단어에는 의미를 알 수 없는 축약 언어가 많고 매스컴에서도 축약된 언어를 자주 사용한다. 이런 현상이 문해력과 어휘력 문제로 연결되어 학생들의 학습능력을 낮춘다. 물론 성인들도 마찬가지다. 이 문제를 해결하는 방법으로 우리말 구성의 대부분을 차지하는 한자의 중요성이 강조되고 있다.

한자를 공부하려는 사람은 다양한 한자 학습법을 접하기 전에 한자 학습의 기본 원리를 먼저 알아야 한다. 한자 학습의 기본은 많이 보고, 많이 쓰고, 많이 적용하고 활용하는 데 있다. 모든 공부가 그러하듯이 한자 역시 손으로 쓰고 눈으로 익히며 마음으로 새기는 학습법이 가장 기억에 오래 남고, 또한 능률적인 방법임이 다양한 연구를 통해 입증되었다.

이런 한자 학습에 기초하여 시사정보연구원은 한자와 한문 학습의 기본이 되는 교육부 선정 기초한자 1800자를 두 글자로 엮어서 우리말 어휘력과 문해력을 높이고 한자 실력을 향상시키는 책을 출간하였다. 시사패스『1800 한자 펜글씨 교본』은 두 글자로 구성된 한자의 필순을 보고 따라 쓰면서 음과 훈을 익히도록 편집하고, 한자를 재미있게 익힐 수 있도록 부록에 사자성어를 실었다. 또한 대입수능과 한자능력검정시험 대비를 위한 편집체제로 구성하여 두 마리 토끼를 잡을 수 있도록 하였다. 이러한 편집 구성을 잘 활용한다면 한자 활용 능력뿐만 아니라 우리말 어휘력과 문해력을 효과적으로 향상시킬 수 있을 것이다.

이메일이나 문자 보내기가 일상화되고 문서를 컴퓨터로 편리하게 작성하기 때문에 손글씨를 쓸 기회가 점차 사라져 간다. 그러나 손글씨가 꼭 필요한 경우가 있다. 이럴 때 잘 다듬어진 글씨는 쓴 사람의 품격을 높이고, 신뢰감을 준다. 이 책을 활용하여 바른 자세로, 정확한 필순에 따라 한자를 익히다 보면 누구나 자신만의 손글씨를 터득할 수 있다. 손으로 쓰고 눈으로 읽으며 마음에 새기는 학습이 되도록 구성된 이 책을 통해 자신이 희망하는 목표를 이루도록 하자.

시사정보연구원

한자 쓰기의 기본원칙

1. 위에서 아래로 쓴다.
   言(말씀 언) → 一 二 三 言 言 言 言
   雲(구름 운) → 一 厂 戶 币 乖 乖 雪 雪 雲 雲 雲

2. 왼쪽에서 오른쪽으로 쓴다.
   江(강 강) → 丶 冫 氵 汀 江 江
   例(법식 예) → 丿 亻 仁 仁 佇 佟 例 例

3. 가로획과 세로획이 겹칠 때는 가로획을 먼저 쓴다.
   用(쓸 용) → 丿 冂 月 月 用
   共(함께 공) → 一 十 卄 丑 共 共

4. 삐침과 파임이 만날 때는 삐침을 먼저 쓴다.
   人(사람 인) → 丿 人
   文(글월 문) → 丶 亠 宀 文

5. 좌우가 대칭될 때에는 가운데를 먼저 쓴다.
   小(작을 소) → 亅 小 小
   承(받들 승) → 乛 了 了 丞 承 承 承

6. 둘러 싼 모양으로 된 자는 바깥쪽을 먼저 쓴다.
   同(같을 동) → 丨 冂 冂 同 同 同
   病(병날 병) → 丶 亠 广 广 疒 疒 疔 病 病 病

7. 글자를 가로지르는 가로획은 나중에 긋는다.
   女(여자 녀) → 乙 女 女
   母(어미 모) → 乙 乃 母 母 母

8. 글자 전체를 꿰뚫는 세로획은 나중에 쓴다.
   車(수레 거) → 一 厂 冃 日 旦 車 車
   事(일 사) → 一 厂 冃 日 写 写 事 事

9. 책받침(辶, 廴)은 나중에 쓴다.
   近(원근 근) → ´ ⺁ ⺁ 斤 沂 近 近
   建(세울 건) → ⺄ ⺅ ⺌ ⺌ ⺌ 聿 津 建 建

10. 오른쪽 위에 점이 있는 글자는 그 점을 나중에 찍는다.
    犬(개 견) → 一 ナ 大 犬
    成(이룰 성) →) ⺁ 厂 厅 成 成 成

■ 한자의 기본 점(點)과 획(劃)
　(1) 점
　　① 「´」: 왼점　　　　② 「丶」: 오른점
　　③ 「·」: 오른 치킴　　④ 「´」: 오른점 삐침
　(2) 직선
　　⑤ 「一」: 가로긋기　　⑥ 「丨」: 내리긋기
　　⑦ 「⺆」: 평갈고리　　⑧ 「亅」: 왼 갈고리
　　⑨ 「ᄂ」: 오른 갈고리
　(3) 곡선
　　⑩ 「ノ」: 삐침　　　　⑪ 「´」: 치킴
　　⑫ 「丶」: 파임　　　　⑬ 「辶」: 받침
　　⑭ 「)」: 굽은 갈고리　⑮ 「乀」: 지게다리
　　⑯ 「⌒」: 누운 지게다리　⑰ 「乚」: 새가슴

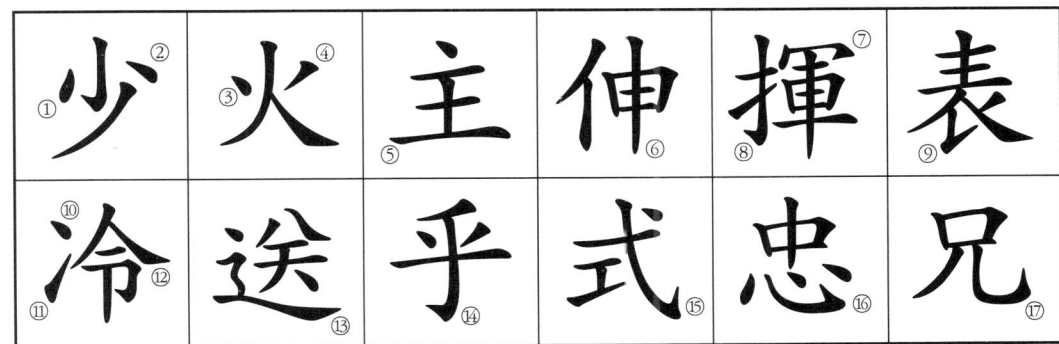

부수표

#	부수	#	부수	#	부수	#	부수	#	부수	#	부수
1획		37	大	75	木	113	示(礻)	150	谷	**10획**	
1	一	38	女	76	欠	114	内	151	豆	187	馬
2	丨	39	子	77	止	115	禾	152	豕	188	骨
3	丶	40	宀	78	歹	116	穴	153	豸	189	高
4	丿	41	寸	79	殳	117	立	154	貝	190	髟
5	乙	42	小	80	毋	**6획**		155	赤	191	鬥
6	亅	43	尢	81	比	118	竹	156	走	192	鬯
2획		44	尸	82	毛	119	米	157	足	193	鬲
7	二	45	屮	83	氏	120	糸	158	身	194	鬼
8	亠	46	山	84	气	121	缶	159	車	**11획**	
9	人(亻)	47	川(巛)	85	水(氵)	122	网(罒)	160	辛	195	魚
10	儿	48	工	86	火(灬)	123	羊	161	辰	196	鳥
11	入	49	己	87	爪(爫)	124	羽	162	辵(辶)	197	鹵
12	八	50	巾	88	父	125	老(耂)	163	邑(阝)	198	鹿
13	冂	51	干	89	爻	126	而	164	酉	199	麥
14	冖	52	幺	90	爿	127	耒	165	釆	200	麻
15	冫	53	广	91	片	128	耳	166	里	**12획**	
16	几	54	廴	92	牙	129	聿	**8획**		201	黃
17	凵	55	廾	93	牛(牜)	130	肉(月)	167	金	202	黍
18	刀(刂)	56	弋	94	犬(犭)	131	臣	168	長(镸)	203	黑
19	力	57	弓	**5획**		132	自	169	門	204	黹
20	勹	58	彐(彑)	95	玄	133	至	170	阜(阝)	**13획**	
21	匕	59	彡	96	玉(王)	134	臼	171	隶	205	黽
22	匚	60	彳	97	瓜	135	舌	172	隹	206	鼎
23	匸	**4획**		98	瓦	136	舛	173	雨	207	鼓
24	十	61	心(忄)	99	甘	137	舟	174	靑	208	鼠
25	卜	62	戈	100	生	138	艮	175	非	**14획**	
26	卩(㔾)	63	戶	101	用	139	色	**9획**		209	鼻
27	厂	64	手(扌)	102	田	140	艸(艹)	176	面	210	齊
28	厶	65	支	103	疋	141	虍	177	革	**15획**	
29	又	66	攴(攵)	104	疒	142	虫	178	韋	211	齒
3획		67	文	105	癶	143	血	179	韭	**16획**	
30	口	68	斗	106	白	144	行	180	音	212	龍
31	囗	69	斤	107	皮	145	衣(衤)	181	頁	213	龜
32	土	70	方	108	皿	146	襾	182	風	**17획**	
33	士	71	无(旡)	109	目(罒)	**7획**		183	飛	214	龠
34	夂	72	日	110	矛	147	見	184	食		
35	夊	73	曰	111	矢	148	角	185	首		
36	夕	74	月	112	石	149	言	186	香		

1800 漢字 펜글씨 쓰기

可	否	假	飾	家	屋	歌	謠	佳	作
옳을 가	아니 부	거짓 가	꾸밀 식	집 가	집 옥	노래 가	노래 요	좋을 가	지을 작
一丆丆可可	一ァ不不否	亻亻伊伊伊假假	亻亽亽亽食飭飾	宀宀宁宇宇家家	一コ尸尸居屋屋	一丆可哥哥歌歌	言訁訬詻詻謠	亻亻亻仹仹佯佳	丿亻亻亻仵作作

價	値	覺	悟	各	項	干	戈	簡	單
값 가	값 치	깨달을 각	깨달을 오	각각 각	조목 항	방패 간	창 과	간략할 간	홑 단
亻亻价价價價價	丿亻亻佔佔值值	乛臼臼與覺覺覺	丶忄忄忄怄悟悟	丿ク夂冬各各	一工工項項項項	一二干	一弋戈戈	丶竹竹節節簡簡	丶丷丶門單單單

肝	油	姦	淫	懇	切	看	板	渴	症
간 간	기름 유	간음할 간	음란할 음	간절할 간	간절할 절	볼 간	판목 판	목마를 갈	증세 증
丿 几 月 月 肝 肝 肝	丶 氵 氵 汩 汩 油 油	乚 ㄣ 女 女 奻 姦 姦	丶 氵 氵 浐 浐 淫 淫	豸 豸 豺 豻 貇 懇 懇	土 切 切	二 チ 禾 看 看 看 看	十 十 十 木 木 板 板	氵 氵 沪 沪 沪 渴 渴	一 广 广 疒 疒 症 症

監	獄	甘	酒	減	刑	甲	蟲	康	寧
옥 감	옥 옥	달 감	술 주	덜 감	형벌 형	갑옷 갑	벌레 충	편안할 강	편안할 녕
丆 子 丞 臣 臣 監 監	犭 犭 犭 犴 犾 獄 獄	一 十 廿 甘 甘	丶 氵 氵 沂 洒 酒 酒	丶 氵 氵 沪 減 減 減	一 二 干 开 开 刑	丨 口 日 日 甲	口 中 虫 虫 蟲 蟲 蟲	广 广 庐 庐 庚 康 康	广 宀 宀 宀 宮 寧 寧

鋼	線	剛	柔	江	河	改	善	個	性
강철 강	줄 선	굳셀 강	부드러울 유	강 강	물 하	고칠 개	착할 선	낱 개	성품 성
ノ午金釘鋼鋼鋼	幺糸紀紹綒線線	丨冂冂冏冏剛剛	フヌヌ予圣圣柔	丶冫氵汀江江	丶冫氵汀河河河	フコ己改改改	丷丷羊盖善善	亻仆们佣個個個	丶丬忄忄忄忄性性
鋼	線	剛	柔	江	河	改	善	個	性

蓋	瓦	介	入	開	拓	慨	歎	擧	皆
덮을 개	기와 와	끼일 개	들 입	열 개	열 척	슬퍼할 개	탄식할 탄	온통 거	다 개
一艹艹艼蓋蓋 一厂瓦瓦瓦		ノ入介介 ノ入		丨冂冂門門開開 扌扌扌扌拓拓		丶忄忄忾忾慨慨 艹苩菓歎歎歎		丨臼臼舆舆舉 丨比比比皆皆	
蓋	瓦	介	入	開	拓	慨	歎	擧	皆

距	離	去	番	巨	星	居	處	乾	坤
떨어질 거	떨어질 리	갈 거	차례 번	클 거	별 성	살 거	곳 처	하늘 건	땅 곤
丶口昌趴趾距距	亠离离离離離離	一十土去去	一ニ平乎番番番	一厂厂巨巨	口日旦旦星星	一コ尸尸居居居	卜广虍虐虎處	一十古亨亨乾乾	一十土圹坤坤坤
距	離	去	番	巨	星	居	處	乾	坤

健	兒	建	築	儉	德	激	情	堅	固
굳셀 건	아이 아	세울 건	지을 축	검소할 검	품행 덕	심할 격	뜻 정	굳을 견	굳을 고
丿亻伊伊伊健健	丶丨白白兒	⺕⺕聿聿津建	𥫗笁筑筑築築	亻伫伫伶僉儉	彳彳彳彳德德德	氵沪泊泊湾激	忄忄忄忄情情	一丆丞臣臤堅堅	冂冂円円周周固
健	兒	建	築	儉	德	激	情	堅	固

肩	章	絹	織	決	裁	缺	陷	謙	讓
어깨 견	글 장	비단 견	짤 직	정할 결	결단할 재	이 빠질 결	빠질 함	겸손할 겸	사양할 양
ᅩ ᅩ ᄀ ᄀ 肩 肩	ᅩ ᅩ ᅩ 亠 音 音 章	ᅩ ᅩ 糸 糸 紀 絹 絹	ᅩ ᅩ 糸 紀 紀 織 織	ᅩ ᅩ 氵 江 決 決	ᅩ ᅩ ᅩ ᅩ 主 裁 裁	ᅩ ᅩ 午 缶 缺 缺	ᅩ ᅩ ᄀ ᄀ 陷 陷 陷	ᅩ ᅩ 言 訁 謙 謙 謙	ᅩ ᅩ 言 訁 譁 譁 讓 讓
肩	章	絹	織	決	裁	缺	陷	謙	讓

兼	職	頃	刻	景	槪	警	句	輕	罰
겸할 겸	직분 직	잠깐 경	시각 각	경치 경	풍치 개	경계할 경	구절 구	가벼울 경	벌줄 벌
ᄀ 今 全 争 争 兼 兼	工 耳 耵 睸 睸 職 職	ᅩ ᅩ ᅩ 匕 匝 頃 頃	ᅩ ᅩ ᅩ 亥 亥 亥 刻 刻	口 日 旦 昱 昱 景 景	十 木 朴 柿 椎 椛 槪	ᅩ ᅩ ᅩ ᅩ 苟 敬 警 警	ᅩ ᄀ 勹 勹 句 句	ᅩ 百 亘 車 車 軕 輕	口 罒 罒 罰 罰 罰
兼	職	頃	刻	景	槪	警	句	輕	罰

傾	斜	境	遇	經	緯	驚	異	庚	壬
기울 경	비낄 사	지경 경	만날 우	날 경	씨 위	놀랄 경	다를 이	천간 경	천간 임
亻亻亻亻傾傾傾	𠆢𠂊𠂊𠂊余余斜	十土圵圵培培境	日旦禺禺禺遇遇	幺幺幺糸紅經經	幺糸糺紒絓緯	芍苟敬警警驚	口田田甲里異	广广户户庚庚	一二千壬
傾	斜	境	遇	經	緯	驚	異	庚	壬

更	張	競	走	慶	祝	京	鄕	硬	化
고칠 경	고칠 장	다툴 경	달릴 주	경사 경	빌 축	서울 경	시골 향	굳을 경	될 화
一厂可可更更	弓弘引张張張	立产音竞辞競	十土丰丰走走	广广庐廉廉慶	二丁示礻和祝祝	亠六古京京	乡夕夘鈎鄉鄉	一厂石石碩碩硬	亻亻化
更	張	競	走	慶	祝	京	鄕	硬	化

桂 冠	階 段	鷄 鳴	啓 蒙	癸 巳
계수나무 계 / 갓 관	섬돌 계 / 층계 단	닭 계 / 울 명	가르칠 계 / 어릴 몽	천간 계 / 뱀 사
十才木朴朴桂桂 / 一一冖冗冠冠冠	了阝阼阼阼階階 / 丨丆斤臼臼段段	奚奚鷄鷄鷄 / 口叩吧鳴鳴鳴	一戸戸所所啓 / 艹艹芦芐萝蒙蒙	刀ㄕ癶癶癶癸癸 / 一コ巳
桂 冠	階 段	鷄 鳴	啓 蒙	癸 巳

繼 承	契 約	計 策	系 統	季 夏
이을 계 / 이을 승	맺을 계 / 약속할 약	셈할 계 / 꾀 책	이을 계 / 계통 통	끝 계 / 여름 하
幺糸糸絲絲繼繼 / 了了了了承承承	三丰刧刧契契 / 幺幺糸糸約約	一二言言言言計 / 竹竹竹笁笁策	一二玄系系系 / 幺糸紅紅紅統	二千禾禾季季 / 一丆丙百頁夏夏
繼 承	契 約	計 策	系 統	季 夏

考	古	苦	待	故	障	高	低	孤	舟
상고할 고	옛 고	괴로울 고	기다릴 대	사고 고	막을 장	높을 고	낮을 저	외로울 고	배 주
一十土耂老考	一十古古古	艹艹艹产苦苦	′彳彳彳′彳′待待	十古古古古故故	阝阝阝阡陪障障	一亠古高高高	′亻亻亻′亻′低低	了孑孑孤孤孤	′丿丿月丹舟
考	古	苦	待	故	障	高	低	孤	舟

鼓	吹	哭	泣	曲	直	恭	敬	功	過
북돋울 고	불 취	울 곡	울 읍	굽을 곡	곧을 직	공손할 공	공경할 경	공 공	허물 과
一十古直壴鼓鼓	丨口口吖吹吹	丨口口吅吅哭哭	丶丶氵氵汁汴泣	丨冂曰曲曲曲	十十古古直直	一十廾共恭恭	艹艹芍苟敬敬	一丁工功功	冂冂冎咼咼過過
鼓	吹	哭	泣	曲	直	恭	敬	功	過

恐	懼	空	欄	孔	孟	共	犯	攻	勢
두려울 공	두려워할 구	빌 공	테두리 란	성 공	성 맹	함께 공	범할 범	칠 공	기세 세
一 丁 刃 巩 巩 恐 恐	忄 忄 忄 忄 忄 忄 懼	宀 宀 宀 宇 空 空 空	木 相 棡 欄 欄 欄 欄	一 了 孑 孔	了 孑 孑 舌 舌 孟	一 十 卄 뀨 共 共	丿 犭 犭 犭 犯	一 工 工 攻 攻 攻	土 去 坴 封 執 執 勢
恐	懼	空	欄	孔	孟	共	犯	攻	勢

公	認	貢	獻	瓜	年	誇	示	課	程
공 공	인정할 인	바칠 공	드릴 헌	오이 과	나이 년	자랑할 과	보일 시	과목 과	한도 정
丿 八 公 公	一 亠 言 訒 認 認 認	一 丅 于 于 干 貢 貢	广 卢 虍 虎 虐 虐 獻	一 厂 爪 爪 瓜	丿 ㅗ 乍 乍 乍 年	一 亠 言 訁 誇 誇	一 二 亍 示 示	一 亠 言 訁 課 課	千 禾 和 和 程 程 程
公	認	貢	獻	瓜	年	誇	示	課	程

關	係	慣	習	管	掌	貫	徹	寬	弘
관계할 관	관계할 계	익숙할 관	익힐 습	주관할 관	맡을 장	꿰뚫을 관	뚫을 철	너그러울 관	넓을 홍
門門門門閣關關	亻亻仁仁任係係	忄忄忄忄悾悾慣	彐彐羽羽羽習習	ᄊ竹竹竹管管	ᄽ尚尚堂堂掌	乚口四田貝冒貫	彳彳ㄔ徍徣徹徹	宀宀宀宂宜寬	一弓弘弘
關	係	慣	習	管	掌	貫	徹	寬	弘

廣	義	光	輝	掛	鐘	橋	脚	郊	外
넓을 광	뜻 의	빛 광	빛날 휘	걸 괘	쇠북 종	다리 교	다리 각	들 교	바깥 외
亠广广广庐廣廣	丷羊羊羊義義義	丨丨ㅛ止屵光	丨业光灮煇煇輝	扌扌扌扌挂掛掛	ᄼ乍牟金釒鐘鐘	一木栌栌橋橋橋	月月月肑胠脚	亠亠六交交ㄡ郊	丿夕夕外外
廣	義	光	輝	掛	鐘	橋	脚	郊	外

校	庭	巧	拙	矯	弊	交	換	九	卿
학교 교	뜰 정	교묘할 교	못날 졸	바로잡을 교	폐단 폐	바꿀 교	바꿀 환	아홉 구	벼슬 경
十 木 木 杧 朸 校 校	广 广 庐 庐 庄 庭 庭	一 T I 工 巧	扌 扌 打 抖 抈 拙 拙	矢 矢 矫 矫 矯 矯	冂 内 冉 敝 敝 弊	一 亠 六 六 交	扌 扌 扩 抉 換 換	ノ 九	卩 卯 卯 卿 卿 卿
校	庭	巧	拙	矯	弊	交	換	九	卿

狗	盜	丘	陵	驅	迫	具	備	拘	束
개 구	도둑 도	언덕 구	언덕 릉	몰 구	핍박할 박	갖출 구	갖출 비	잡을 구	묶을 속
犭 犭 犳 狗 狗 狗	氵 汐 次 盗 盗 盗	一 丨 F 斤 丘	阝 阝 陜 陟 陵 陵	馬 馬 馬 駆 驅 驅	丿 白 白 白 迫 迫	丨 冂 目 且 具	亻 亻 伊 伒 備 備 備	扌 扌 扚 扚 拘 拘 拘	一 厂 一 一 亘 束 束
狗	盜	丘	陵	驅	迫	具	備	拘	束

區	域	救	濟	構	造	俱	存	苟	且
구역 구	지경 역	구월할 구	구제할 제	얽을 구	지을 조	갖출 구	있을 존	구차할 구	구차할 차

鷗	鶴	國	旗	局	限	群	衆	軍	港
갈매기 구	두루미 학	나라 국	기 기	판 국	한정 한	무리 군	무리 중	군사 군	항구 항

屈	伸	窮	谷	弓	矢	宮	廷	勸	奬
굽을 굴	펼 신	막힐 궁	골짜기 곡	활 궁	화살 시	궁궐 궁	조정 정	권할 권	권면할 장
屈	伸	窮	谷	弓	矢	宮	廷	勸	奬

權	座	拳	鬪	厥	者	龜	鑑	貴	賤
권세 권	자리 좌	주먹 권	싸울 투	그 궐	놈 자	본받을 귀	거울 감	귀할 귀	천할 천
權	座	拳	鬪	厥	者	龜	鑑	貴	賤

歸	還	閨	門	規	範	均	適	克	己
돌아올 귀	돌아올 환	안방 규	집안 문	법 규	법 범	고를 균	알맞을 적	이길 극	몸 기

根	幹	僅	少	謹	愼	勤	怠	金	塊
뿌리 근	줄기 간	겨우 근	적을 소	삼갈 근	삼갈 신	부지런할 근	게으를 태	쇠 금	덩어리 괴

禽	獸	禁	慾	錦	貝	肯	定	棄	却
날짐승 금	길짐승 수	금할 금	욕심 욕	비단 금	조개 패	수긍할 긍	정할 정	버릴 기	물리칠 각
人스今全全倉禽禽	罒甾留單獸獸獸	一十木林埜禁禁禁	𠂉𠂊𠂋谷欲欲慾慾	𠂉𠂊𠂋金釣鈤錦錦	冂目貝	丨屮止屶肯肯	丶宀宀宁宁定定	一𠂉𠂋𠂌𠂍奔奔棄	一十土去却却
禽	獸	禁	慾	錦	貝	肯	定	棄	却

豈	敢	紀	綱	機	械	奇	怪	祈	求
어찌 기	감히 감	벼리 기	벼리 강	기계 기	기계 계	기이할 기	괴이할 괴	빌 기	구할 구
丨屮屮岂岂岂豈	一丅丆亘耳耳耴敢	𠂉𠂊𠂋糸紀紀	𠂉𠂊𠂋糸網綱綱綱	一十才朾栈機機機	一十木杙械械械	一十大本夲奇奇	𠂉忄忄怊怪怪	一二丅示祈祈祈	一十𠂉求求求
豈	敢	紀	綱	機	械	奇	怪	祈	求

企	圖	其	島	騎	馬	起	伏	飢	餓
꾀할 기	꾀할 도	그 기	섬 도	말탈 기	말 마	일어날 기	엎드릴 복	굶을 기	굶을 아
ノ 人 个 仝 企 企	冂 門 冋 固 圖 圖	一 十 卄 甘 甘 其	宀 白 自 鳥 島 島	丨 𠃌 馬 馬 駒 駒 騎	丨 𠃌 馬 馬	一 土 キ 走 起 起 起	ノ 亻 仁 什 伏 伏	ノ 𠂉 今 今 含 會 飢	ノ 𠂉 今 含 飴 飴 餓 餓
企	圖	其	島	騎	馬	起	伏	飢	餓

技	藝	記	載	寄	贈	基	礎	忌	避
재주 기	재주 예	적을 기	실을 재	줄 기	줄 증	터 기	주춧돌 초	꺼릴 기	피할 피
一 十 扌 扌 抃 抒 技	艹 艾 艺 藝 藝 藝 藝	二 三 言 言 記 記 記	十 土 吉 車 載 載 載	宀 宀 宀 宇 寄 寄 寄	冂 日 貝 貝 贈 贈 贈	一 十 卄 甘 其 其 基	厂 石 矿 矿 硞 礎 礎	一 コ 己 己 忌 忌	尸 㠯 庐 庐 辟 辟 避 避
技	藝	記	載	寄	贈	基	礎	忌	避

畿	湖	旣	婚	緊	縮	吉	地	那	邊
경기 기	호수 호	이미 기	혼인할 혼	움츠릴 긴	줄 축	길할 길	땅 지	어찌 나	가 변

難	忘	男	女	內	野	乃	至	奈	何
어려울 난	잊을 망	사내 남	여자 녀	안 내	들 야	이에 내	이를 지	어찌 내	어찌 하

努	力	奴	婢	怒	號	農	耕	濃	淡
힘쓸 노	힘 력	사내종 노	계집종 비	성낼 노	부르짖을 호	농사 농	밭갈 경	짙을 농	묽을 담

腦	炎	能	率	泥	巖	多	寡	茶	房
뇌 뇌	염증 염	능할 능	비율 률	진흙 니	바위 암	많을 다	적을 과	차 다	방 방

端	緒	旦	夕	斷	續	丹	粧	但	只
실마리 단	실마리 서	아침 단	저녁 석	끊을 단	이을 속	붉을 단	단장할 장	다만 단	다만 지
丶立产䇗䇗端	纟糸紅紗緒緒緒	丨冂日旦旦	ノク夕	𡿨𡿩𡿪𣥏斷斷	纟糸紅綪續續	几月丹	丷丬米粒粧粧	ノイ亻们但但	丨冂冂只只
端	緒	旦	夕	斷	續	丹	粧	但	只

短	針	擔	當	踏	査	糖	類	唐	詩
짧을 단	바늘 침	멜 담	일 담당할 당	밟을 답	조사할 사	사탕 당	무리 류	당나라 당	시 시
ノ𠂉矢矢短短短	ノ𠂉𠂊金金金針	扌扌扩扩擔擔	丨丬当常常當	口甲足趴踏踏	十木本杏查查	丷丬米粁粁糖	丷丬米类類類	广广庐唐唐唐	二言言言詩詩詩
短	針	擔	當	踏	査	糖	類	唐	詩

代	償	大	暑	對	酌	貸	借	陶	工
대신할 대	갚을 상	큰 대	더위 서	대할 대	따를 작	빌릴 대	빌릴 차	질그릇 도	장인 공
ノ亻仁代代	亻伊僧僧僧償	一ナ大	口日甲昇暑暑暑	业业业對對	一丆西酉酌酌	ノ亻代代伐貸貸	ノ亻仁借借借借	了阝阝阡阡陶陶	一丁工

到	達	跳	梁	桃	李	逃	亡	渡	涉
이를 도	이를 달	뛸 도	들보 량	복숭아 도	오얏 리	달아날 도	도망할 망	건널 도	건널 섭
一エ云至至到	十士查幸達達	口甲足趴跳跳	汀汈汈汎梁梁	十木朴杙桃桃	一十才木李李	ノ刂兆兆逃逃	丶亠亡	氵沪沪渡渡渡	氵氵汁汫涉涉

29

稻	雲	挑	戰	毒	蛇	獨	創	督	促
벼 도	구름 운	돋울 도	싸움 전	해칠 독	뱀 사	홀로 독	비롯할 창	재촉할 독	재촉할 촉
二千千千千千稻稻	宀中中雨雲雲雲	扌扌扑扑挑挑	口口門門單戰戰	一十丰丰丰青毒	口中虫虫虫蛇蛇	犭犭犭犭獨獨獨	人今今今食倉創	一十卡叔叔督督	丿亻伵伵伵促促
稻	雲	挑	戰	毒	蛇	獨	創	督	促

豚	犬	敦	篤	凍	結	冬	嶺	洞	里
돼지 돈	개 견	도타울 돈	도타울 독	얼 동	엉길 결	겨울 동	재 령	고을 동	마을 리
丿几月肌肛豚豚	一ナ大犬	一十古亨亨亨敦	⺮⺮竹笁笁箆篤	丶冫汀洰洰沭凍	纟纟糸糸紝紝結	丿ク久冬冬	屵屵岑岑嶺嶺嶺	丶冫汀汩汩洞洞	丨口曰旦甲里
豚	犬	敦	篤	凍	結	冬	嶺	洞	里

東	西	銅	錢	動	靜	同	胞	童	話
동녘 동	서녘 서	구리 동	돈 전	움직일 동	고요할 정	한가지 동	동포 포	아이 동	이야기 화
一厂厂万百申東	一厂厂丙西西	ノ 亠 牟 金 釦 釦 銅	ノ 亠 牟 金 鈬 錢 錢 錢	一 二 亠 旨 重 動 動	一 十 主 青 青 靑 靜 靜	丨 冂 冂 同 同 同	丨 刀 月 月 旷 胊 胞	一 立 音 音 音 童 童	一 二 言 訂 訂 話 話
東	西	銅	錢	動	靜	同	胞	童	話

豆	太	得	失	等	級	登	庸	羅	列
콩 두	클 태(콩 태)	얻을 득	잃을 실	등급 등	등급 급	올릴 등	쓸 용	벌일 라	벌일 렬
一 一 一 一 豆 豆 豆	一 ナ 大 太	ク 彳 彳 得 得 得 得	一 二 失 失	ノ 广 广 竺 笠 等 等 等	幺 幺 糸 糸 紀 紃 級 級	ノ ダ 癶 癶 登 登 登 登	一 广 广 庐 庐 肩 庸	一 四 四 罗 罗 羅 羅 羅	一 ア 歹 歹 列 列
豆	太	得	失	等	級	登	庸	羅	列

洛	花	爛	漫	濫	用	郞	君	朗	報
물 락	꽃 화	난만할 란	찰 만	함부로 람	쓸 용	남편 랑	남편 군	밝을 랑	알릴 보
丶氵氵汐汐洛洛	一艹艹艹花花	丶火炉烂爛爛爛	氵沪沪浸浸漫	氵沪沪泚泚濫	丿冂月月用	丶彐自良良郞郞	一フ尹尹君君	彐自良郞朗朗	土幸幸幸幸報報
洛	花	爛	漫	濫	用	郞	君	朗	報

掠	奪	糧	穀	兩	班	諒	察	旅	館
노략질할 략	빼앗을 탈	양식 량	곡식 곡	두 량	나눌 반	살필 량	살필 찰	나그네 려	집 관
扌扌扩护护掠	一六本本奞奪奪	米米料糧糧糧	士声壳亭鼓穀	厂丙雨雨雨雨	王王王珂班班	亠言訁訪諒諒	宀宀宊宊察察	一亠方方旅旅	人今自飠飠館館
掠	奪	糧	穀	兩	班	諒	察	旅	館

曆	法	連	絡	聯	盟	戀	慕	鍊	武
책력 력	법 법	짝지을 련	이을 락	연할 련	맹세할 맹	사모할 련	사모할 모	단련할 련	날랠 무

憐	憫	蓮	葉	烈	士	廉	恥	零	細
가련할 련	가련할 민	연꽃 련	잎사귀 엽	절개굳을 렬	선비 사	청렴할 렴	부끄러울 치	작을 령	가늘 세

靈	魂	禮	儀	老	娘	勞	賃	樓	閣
신령 령	넋 혼	예도 례	거동 의	늙을 로	어머니 낭	수고로울 로	품팔이 임	다락 루	누각 각
一丙乘雲雪雪靈	二云云动鬼鬼魂魂	二示和祁祁禮禮禮	亻伫伫伫伭儀儀	一十土耂耂老	乚女女女妒妒娘娘	丷火炊炏勞勞	亻仁任任任賃賃	十才柑柑柑棲樓	冂冂門閂閃閣閣
靈	魂	禮	儀	老	娘	勞	賃	樓	閣

累	卵	漏	電	屢	條	六	洲	栗	梨
여러 루	알 란	샐 루	전기 전	여러 루	조목 조	여섯 륙	대륙 주	밤 률	배 리
丶口田甲里累累	丶七自卯卵	氵沪沪涓漏漏漏	一丙雨雪雪雪電	尸尸屋屋屢屢	亻亻攵攸倐倐條	一六六	丶氵汎汁洲洲洲	一兀襾西栗栗	一二千禾利梨梨
累	卵	漏	電	屢	條	六	洲	栗	梨

隆	替	吏	屬	隣	郡	莫	上	蠻	勇
성할 륭	쇠퇴할 체	아전 리	무리 속	이웃 린	고을 군	없을 막	위 상	오랑캐 만	날랠 용
了阝阝阝降降隆隆	一二夫夫扶替替替	一一一一一三吏	尸尸戶屬屬屬屬	了阝阝阝隣隣隣	一丁尹尹君君'郡郡	一艹艹甘苜莫莫	丨卜上	言綜綜綜綜綜蠻	一厂丙丙面勇勇
隆	替	吏	屬	隣	郡	莫	上	蠻	勇

滿	潮	罔	極	妄	言	梅	蘭	賣	買
찰 만	조수 조	없을 망	지극할 극	망령될 망	말씀 언	매화 매	난초 란	팔 매	살 매
氵汁汁满满滿滿	氵汁汁泸泸淖潮潮	丨冂冂冈冈罔罔	十木朾杤柯極極	一亠亡亡妄妄	一亠亠言言言言	一十木朾柠梅梅	艹芦門蘭蘭蘭	一吉吉青壹賣賣	丨皿四罒買買買
滿	潮	罔	極	妄	言	梅	蘭	賣	買

35

每樣	埋葬	猛襲	盲信	勉勵
매양 매 / 모양 양	묻을 매 / 장사 장	사나울 맹 / 엄습할 습	몽매할 맹 / 믿을 신	힘쓸 면 / 힘쓸 려

綿延	冥鬼	名譽	謀叛	模倣
잇닿을 면 / 이을 연	저승 명 / 귀신 귀	이름 명 / 기릴 예	꾀할 모 / 배반할 반	본뜰 모 / 본받을 방

募	兵	矛	盾	沐	浴	木	材	牧	笛
모을 모	군사 병	창 모	방패 순	머리감을 목	목욕할 욕	나무 목	재목 재	목동 목	피리 적
艹艹苎苩募募	一厂斤丘乒兵	フマ予予	厂厂厂盾盾盾盾	丶氵氵沐沐沐	丶氵汈浴浴浴	一十才木	一十才木杉材	丿牛牛牧牧	竹竹笞笛
募	兵	矛	盾	沐	浴	木	材	牧	笛

沒	我	卯	酉	茂	盛	戊	戌	貿	易
빠질 몰	나 아	토끼 묘	닭 유	무성할 무	성할 성	천간 무	개 술	무역할 무	바꿀 역
丶氵氵汐汐沒	一二千手我我	丶匚印卯	一丁丙丙西酉	艹艹芒茂茂	厂厂成成盛盛盛	ノ厂戊戊戊	ノ厂戊戌戌	卯卯留留貿	口日日月易易
沒	我	卯	酉	茂	盛	戊	戌	貿	易

默	念	問	答	聞	音	勿	論	微	妙
말없을 묵	생각 념	물을 문	대답할 답	들을 문	소리 음	말 물	논의할 론	묘할 미	묘할 묘
口日日甲里黑默默	ノ人人今今念念	丨冂冂冃門門問問	⺮笊笁笁笁答答	丨冂冂門門門聞	丶亠立产音音音	ノ勹勺勿	丶亠言訢訡訡論論	彳彳彳彳微微微	乚女女如如妙妙
默	念	問	答	聞	音	勿	論	微	妙

眉	壽	美	醜	迷	惑	拍	手	返	納
눈썹 미	목숨 수	아름다울 미	추할 추	미혹할 미	미혹할 혹	손뼉칠 박	손 수	돌이킬 반	들일 납
フコア尸尸眉眉	十士吉壽壽壽	丷䒑芈羊美美	丆丙酉酌酌醜醜	一丷米米迷迷	一戈或或惑惑	扌扌扌扪拍拍拍	二三手	一厂厂反返返	乙幺幺糸紣納
眉	壽	美	醜	迷	惑	拍	手	返	納

盤	石	飯	湯	反	響	發	着	傍	觀
큰돌반	돌석	밥반	끓일탕	돌이킬반	울릴향	떠날발	붙을착	곁방	볼관
ノ月舟舟般般盤	一丁ズ石石	ノ今午食飤飯飯	丶氵汒汨渇湯	一厂反反	乡乡刹郷郷響響	フヌ癶癶發發發	丶丷艹艹羊着着着	ノイ亻伫伩俓傍傍	++苗萑雚雚勸觀觀
盤	石	飯	湯	反	響	發	着	傍	觀

放	恣	芳	草	方	寸	妨	害	倍	加
놓을방	방자할자	꽃다울방	풀초	방위방	치촌	방해할방	해칠해	곱배	더할가
一亠方方が放放	丶冫冫次次恣恣	一艹艹艹艾芳	一艹艹艹苗草草	丶亠方方	一十寸	く女女女妒妨妨	丶宀宀宁宝害害害	ノイ伫伫倅倍倍	フカ加加加
放	恣	芳	草	方	寸	妨	害	倍	加

背	泳	排	斥	配	匹	白	髮	百	姓
등 배	헤엄칠 영	물리칠 배	물리칠 척	짝 배	짝 필	흰 백	머리털 발	일백 백	백성 성

伯	氏	煩	惱	飜	譯	繁	昌	汎	愛
맏 백	성 씨	번민할 번	번뇌할 뇌	번역할 번	번역할 역	번성할 번	창성할 창	넓을 범	사랑 애

碧	溪	辨	理	變	貌	辯	才	病	菌
푸를 벽	시내 계	분별할 변	다스릴 리	변할 변	모양 모	말잘할 변	재주 재	병 병	곰팡이 균

竝	立	丙	寅	屛	風	寶	劍	普	及
나란히 병	설 립	천간 병	지지 인	병풍 병	바람 풍	보배 보	칼 검	널리 보	미칠 급

保	衛	補	佐	復	舊	卜	術	複	雜
지킬 보	지킬 위	도울 보	도울 좌	회복할 복	옛 구	점 복	재주 술	겹칠 복	섞일 잡

峯	頭	蜂	蜜	逢	別	封	墳	奉	仕
봉우리 봉	머리 두	벌 봉	꿀 밀	만날 봉	헤어질 별	쌓을 봉	무덤 분	받들 봉	섬길 사

鳳	枕	副	官	父	母	夫	婦	府	使
봉황 봉	베개 침	도울 부	벼슬 관	아버지 부	어머니 모	남편 부	아내 부	고을 부	벼슬이름 사
丿凡凡凤鳳鳳鳳	十才木朮朴枕枕	一厂戸戸高副副	丶宀宀宁官官	丶ハグ父	乚母母母母	一二夫夫	乆女妇妇婦婦婦	一广广广府府府	亻亻仁仁伊使
鳳	枕	副	官	父	母	夫	婦	府	使

部	署	賦	役	赴	任	符	籍	扶	助
나눌 부	관청 서	거둘 부	부릴 역	다다를 부	맡길 임	부적 부	문서 적	도울 부	도울 조
亠十立产音部部	罒罒里罘署署署	冂目貝貝貯賦賦	丿ク彳彳役役	十士丰走走赴赴	丿亻亻仁任任	𠂉𠂉𥫗竺竺符符	𠂉𠂉𥫗竺籍籍籍	一十扌扌扶扶	丨冂月目助助
部	署	賦	役	赴	任	符	籍	扶	助

付	紙	浮	沈	分	裂	粉	末	奔	忙
붙일 부	종이 지	뜰 부	잠길 침	나눌 분	흩어질 렬	가루 분	가루 말	분주할 분	바쁠 망
丿亻仁付付	乙幺幺糸紅紅紙	丶氵氵汀浮浮	丶氵氵汀沙沈	丿八分分	一ア歹列列裂裂	丶丷キ米米粉粉	一二キ才末	一ナ大本杢李奔	丶忄忄忙忙
付	紙	浮	沈	分	裂	粉	末	奔	忙

紛	爭	不	敏	佛	寺	崩	壞	朋	友
어지러울 분	다툴 쟁	아니 불	민첩할 민	부처 불	절 사	무너질 붕	무너질 괴	벗 붕	벗 우
乙幺幺糸紛紛	丿𠂉𠂇彑争	一ア不不	一𠂉𠂇每每敏敏	丿亻仁伊佛佛	一十土寺寺	丶屮屵岸崩崩崩	土圹圷坤壞壞	丿月月月朋朋朋	一ナ方友
紛	爭	不	敏	佛	寺	崩	壞	朋	友

比	較	肥	料	碑	銘	祕	密	悲	愁
견줄 비	견줄 교	거름 비	감 료	비석 비	새긴글 명	비밀할 비	비밀할 밀	슬플 비	근심 수
一 J b 比	一 百 亘 車 軒 軒 較	月 月 月 肌 肥 肥	丷 ソ 半 米 米 料 料	一 石 矶 砷 砷 碑 碑	人 乍 金 釣 釗 銘 銘	二 禾 利 利 祕 祕	宀 宀 宏 宓 宓 密 密	二 키 非 非 悲 悲	一 千 禾 利 秋 愁 愁
比	較	肥	料	碑	銘	祕	密	悲	愁

鼻	祖	批	評	飛	火	貧	富	頻	數
처음 비	할아비 조	비평할 비	평론할 평	날 비	불 화	가난할 빈	넉넉할 부	자주 빈	자주 삭
丿 白 自 鳥 皀 鼻 鼻	二 丁 禾 利 和 祖 祖	一 十 才 扌 扎 批 批	二 言 言 言 訊 評 評	乀 飞 飞 飛 飛 飛	丷 少 火 火	丿 八 分 分 分 貧 貧	宀 宀 宫 富 富 富 富	卜 止 牛 步 姉 頻 頻	曰 巿 婁 婁 婁 數 數
鼻	祖	批	評	飛	火	貧	富	頻	數

45

氷	炭	事	件	邪	見	斯	界	詐	欺
얼음 빙	숯 탄	일 사	사건 건	간사할 사	볼 견	이 사	지경 계	속일 사	속일 기
丨丨㇇氷氷	丶屮屮岸岸炭炭	一一ㄱ亖写写事	丿亻亻仁件	一二千牙牙'邪邪	丨冂冂月目貝見	十甘甘其斯斯斯	冂田田田甼界界	丶亠言言許許詐	一甘甘其其欺欺
氷	炭	事	件	邪	見	斯	界	詐	欺

沙	漠	私	腹	寫	本	賜	宴	絲	雨
모래 사	사막 막	사사 사	배 복	베낄 사	책 본	줄 사	잔치 연	실 사	비 우
丶丶氵汀沙沙	氵汁汁汁萛漠	一二千千禾私私	刀月肛胪脂腹腹	丶宀宀宀宁寫寫	一十才木本	丨冂冂貝貝賜賜	丶宀宀宀宴宴宴	丶幺糸糸絲絲絲	一冂冂雨雨雨
沙	漠	私	腹	寫	本	賜	宴	絲	雨

社	員	思	惟	謝	恩	史	蹟	射	亭
단체 사	사람 원	생각할 사	생각할 유	사례할 사	은혜 은	역사 사	자취 적	쏠 사	정자 정
一二亍禾示礻社社	口口口吕吕员員員	口口田田思思	忄忄忄忄忄惟惟	二言言訓訶謝謝	口曰因因因因恩恩	口口史史	口日平足蹟蹟蹟蹟	丿门自身身射射	一亠亠古宫宫亭
社	員	思	惟	謝	恩	史	蹟	射	亭

師	弟	四	柱	死	活	司	會	山	頂
스승 사	제자 제	넉 사	기둥 주	죽을 사	살 활	맡을 사	모일 회	메(뫼) 산	정수리 정
丿丨丨自師師	丶丷丷兯弟弟	丨口四四四	一十木朴朴柱柱	一ㄱㄕ歹死死	氵氵汗汗活活	丨ㄱ司司司	丿入仝命命會會	丨山山	一丁丅巧頂頂頂
師	弟	四	柱	死	活	司	會	山	頂

森	林	三	杯	霜	菊	桑	麻	祥	夢
빽빽할 삼	수풀 림	석 삼	잔 배	서리 상	국화 국	뽕나무 상	삼 마	상서로울 상	꿈 몽
一十木木森森森	十才才木朴材林	一二三	十才才木朴朴杯	广币雨雪雪霜霜	艹艹芍苔菊菊菊	フヌ叒叒桑桑	一广广庁庐麻麻	二于示礻祥祥祥	艹艹苹苔夢夢
森	林	三	杯	霜	菊	桑	麻	祥	夢

嘗	味	喪	服	相	似	象	牙	賞	狀
맛볼 상	맛 미	죽을 상	옷 복	서로 상	같을 사	코끼리 상	어금니 아	상 상	문서 장
丷艹尚尚當嘗嘗	口口口叶味味	一十㠯亜亜喪	月月月肝服服	十才木朴相相相	ノイ化化似似	宀色色争象象	一于牙	丷尚尚常賞賞	丬丬丬丬狀狀
嘗	味	喪	服	相	似	象	牙	賞	狀

商	店	色	彩	書	架	庶	幾	徐	步
장사 상	가게 점	빛 색	채색 채	책 서	시렁 가	거의 서	거의 기	천천할 서	걸음 보
亠亠产产商商	亠广广庁店店	𠂉𠂉夕匁色色	𠂉𠂉乎采彩彩彩	𬼂彐彐聿書書書	𠂉力加加架架架	丶广广庁庄庶庶	𠂉幺糸糸丝幾幾	𠂉𠂉彳伅径徐徐	𠂉卜止止歩步
商	店	色	彩	書	架	庶	幾	徐	步

敍	述	恕	之	惜	敗	旋	律	鮮	明
쓸 서	지을 술	용서할 서	어조사 지	아까울 석	패할 패	돌릴 선	음률 률	고울 선	밝을 명
𠂉𠂉𠂉𠂉余𠂉敍	十才术求述述	乚𠂉𠂉𠂉如恕恕	丶乁之	忄忄忄忄忄惜惜	冂目目貝貯敗敗	亠丂方方方旂旋	𠂉𠂉彳彳伴律律	𠂉𠂉角魚鮮鮮鮮	冂日日町明明明
敍	述	恕	之	惜	敗	旋	律	鮮	明

49

先	輩	船	積	宣	布	城	郭	省	墓
먼저 선	무리 배	배 선	쌓을 적	펼 선	펼 포	재 성	외성 곽	살필 성	무덤 묘

聲	調	歲	費	洗	濯	騷	客	所	期
소리 성	가락 조	해 세	쓸 비	씻을 세	빨래 할 탁	시부 소	나그네 객	바 소	기약할 기

召	命	素	朴	昭	詳	蘇	生	訴	訟
부를 소	분부 명	본디 소	순박할 박	밝을 소	자서할 상	깨어날 소	살 생	송사할 소	송사할 송
フカカ召召	人人合合合命命	一丰丰丰素素素	一十才木朴朴	丨冂日旷昭昭昭	二言言言訢詳詳	艹芦芦薛蘇蘇	ノトヒ牛生	二言言言訢訴訴	二言言言訟訟訟
召	命	素	朴	昭	詳	蘇	生	訴	訟

消	息	小	臣	掃	除	疎	忽	粟	米
다할 소	숨쉴 식	작을 소	신하 신	쓸 소	덜 제	성길 소	소홀할 홀	조 속	쌀 미
丶氵汀沁消消消	亻自自自息息息	亅小小	一丅丆歪歪臣	十扌扌担掃掃掃	3 阝阝阼阼除除	一丆正正跭踈疎	勹勿勿勿忽忽忽	一兩西粟粟粟粟	丶丷丷半米米
消	息	小	臣	掃	除	疎	忽	粟	米

損	益	誦	讀	松	柏	送	迎	衰	殘
잃을 손	더할 익	읽을 송	읽을 독	소나무 송	잣나무 백	보낼 송	맞을 영	쇠할 쇠	남을 잔

需	給	修	了	誰	某	首	尾	隨	想
구할 수	줄 급	닦을 수	마칠 료	누구 수	아무 모	머리 수	꼬리 미	따를 수	생각 상

授	受	雖	然	收	穫	熟	練	宿	昔
줄 수	받을 수	비록 수	그럴 연	거둘 수	거둘 확	익숙할 숙	익힐 련	잘 숙	옛 석
扌扌扌扩扩授授	一 ⺈ ⺈ ⺈ ⺈ 受受	口 吕 虽 邽 雖 雖	ク タ タ 奴 妖 然 然	丨 ⺕ ⺢ 收 收	二 禾 ⺾ 种 稚 穫	一 亨 享 孰 孰 熟 熟	⺁ 彳 糸 紉 紉 綍 練	宀 宀 宀 宕 宿 宿 宿	一 卅 廿 艹 昔 昔 昔
授	受	雖	然	收	穫	熟	練	宿	昔

孰	哉	叔	姪	瞬	間	殉	敎	旬	朔
누구 숙	어조사 재	아재비 숙	조카 질	눈깜짝할 순	사이 간	바칠 순	종교 교	열흘 순	초하루 삭
一 亨 享 훤 孰 孰	十 土 吉 吉 哉 哉 哉	⺁ ⺈ 扌 扌 ホ 叔 叔	⺁ ⺇ 女 女 女 妌 妌 姪	日 旷 旷 瞬 瞬 瞬 瞬	⺁ ⺂ 門 門 門 門 間 間	⺁ ⺉ 歹 歼 殉 殉 殉	⺁ ⺈ ⺉ 耂 孝 孝 教 教	⺁ ⺉ 勹 旬 旬 旬	⺁ ⺈ 业 弟 朔 朔 朔
孰	哉	叔	姪	瞬	間	殉	敎	旬	朔

巡	視	順	逆	純	乎	循	環	崇	尚
돌 순	볼 시	좇을 순	거스를 역	순수할 순	어조사 호	두루 돌 순	두를 환	높일 숭	숭상할 상

拾	遺	昇	降	勝	負	僧	俗	乘	醉
주울 습	잃을 유	오를 승	내릴 강	이길 승	패할 부	중 승	속될 속	탈 승	취할 취

市	街	是	非	施	設	始	終	侍	從
도시 시	거리 가	옳을 시	그를 비	베풀 시	베풀 설	처음 시	마칠 종	모실 시	좇을 종
亠广㡀市	彳彳什往往街街	丨日旦早昰昰是	ノ刂キ킈非非非	亠亠方方方方施施	亠言言言訢設設	ㄑ女女女如始始	ㄑㄠ幺糸紗終終	亻亻什什侍侍侍	彳彳彳쓴從從從
市	街	是	非	施	設	始	終	侍	從

試	驗	食	堂	植	樹	申	告	辛	未
시험할 시	시험할 험	밥 식	집 당	심을 식	나무 수	알릴 신	알릴 고	천간 신	지지 미
亠言訂訂試試試	馬馬駍駼驗驗	人人今今今食食	丨⺌𫩷𫩷堂堂堂	十木杧枦枯植植	木栌栌栒椅樹樹	口曰日申	ノ┘牛生告告告	亠亠立立辛辛	一二十才未
試	驗	食	堂	植	樹	申	告	辛	未

神	仙	晨	昏	深	潭	尋	訪	審	判
신선 신	신선 선	새벽 신	어두울 혼	깊을 심	못 담	찾을 심	찾을 방	살필 심	판단할 판
二丁示示和神神	ノ亻仈仙仙	口日尸戸戸晨晨	一亡氏昏昏昏	氵氵沪沪深深深	氵氵洒洒洒潭	ユヨヨ큼큼큼尋	一亠言言訪訪	丶宀宀宷宷審審	丶八公半判判
神	仙	晨	昏	深	潭	尋	訪	審	判

十	升	雙	淚	亞	流	阿	附	眼	鏡
열 십	되 승	쌍 쌍	눈물 루	버금 아	갈래 류	아첨할 아	붙을 부	눈 안	안경 경
一十	ノ二千升	亻隹隹隹雔雙雙	氵氵沪沪浿淚	一丅币亞亞亞	氵氵汴汴浐流流	阝阝阿阿阿	阝阝阝附附	冂目目目眼眼眼	ノ金金釒鈴鏡鏡
十	升	雙	淚	亞	流	阿	附	眼	鏡

雁	鴻	謁	聖	暗	黑	仰	請	涯	際
기러기 안	큰기러기 홍	뵈올 알	성인 성	어두울 암	검을 흑	우러를 앙	청할 청	물가 애	가 제

哀	歡	也	矣	耶	兮	若	玆	楊	柳
슬플 애	기뻐할 환	어조사 야	어조사 의	어조사 야	어조사 혜	같을 약	이 자	버들 양	버들 류

揚	陸	羊	毛	養	蠶	洋	畵	御	床
올릴 양	뭍 륙	양 양	털 모	기를 양	누에 잠	서양 양	그림 화	어거할 어	평상 상

於	焉	語	節	漁	獲	億	萬	抑	壓
어조사 어	어조사 언	말씀 어	마디 절	고기 잡을 어	얻을 획	억 억	일만 만	누를 억	누를 압

嚴	肅	業	績	輿	望	汝	余	予	曰
엄숙할 엄	엄숙할 숙	업 업	공 적	여럿 여	바랄 망	너 여	나 여	나 여	가로 왈

餘	韻	亦	如	疫	疾	鉛	鑛	研	究
남을 여	운치 운	또 역	같을 여	염병 역	병 질	납 연	쇳돌 광	연구할 연	궁구할 구

演	壇	燕	麥	燃	燒	沿	岸	軟	弱
행할 연	단 단	제비 연	보리 맥	불탈 연	불사를 소	물 좇을 연	언덕 안	연할 연	약할 약
氵氵氵洴演演演	土圹圹垧壇壇	艹艹莅莅莅燕燕	一𠂉夾夾麥麥	火炒炒燃燃燃	火炉炉焈焈燒	氵氵汎沿沿沿	岩岩岸岸岸	亘車軒軒軟	弓弓弱弱弱
演	壇	燕	麥	燃	燒	沿	岸	軟	弱

緣	由	硯	滴	煙	戶	鹽	酸	英	傑
인연 연	까닭 유	벼루 연	물방울 적	연기 연	집 호	소금 염	실산	뛰어날 영	뛰어날 걸
幺糸糽紵紵緣緣	一口日由由	丆石矶矶硯硯	氵氵泸泲滴滴	火炉炘烟烟煙	一亠一戶	臣臨臨鹽鹽	一西酉酌酸酸	艹艹苎苎英英	亻伊伊俦傑傑
緣	由	硯	滴	煙	戶	鹽	酸	英	傑

榮	枯	永	遠	映	窓	銳	鈍	吾	黨
영화 영	마를 고	길 영	멀 원	비칠 영	창 창	날카로울 예	둔할 둔	나 오	무리 당
一十十十十十草草榮	十木木村枯枯	丁丁永永	十土吉克袁袁遠遠	丨冂日旷旷映映	宀宍宛宛窓窓窓	人人今金釣釣鉊鉊銳	人人今金釒釒鈍	一丁丁五五吾吾	冖丷尚尚尚當當黨黨
榮	枯	永	遠	映	窓	銳	鈍	吾	黨

梧	桐	五	倫	傲	慢	午	睡	汚	辱
오동나무 오	오동나무 동	다섯 오	인륜 륜	거만할 오	거만할 만	낮 오	잠잘 수	더러울 오	욕 욕
十木村杯梧梧	一十木机桐桐桐	一丁五五	亻仆伶伶伶倫倫	亻仆伜倅俲傲傲	丨忄忄悍悍慢慢	一二午	丨冂日旷旷睡睡睡	丶丶氵汙汙汚	厂尸尸辰辰辱辱
梧	桐	五	倫	傲	慢	午	睡	汚	辱

烏	竹	玉	篇	溫	冷	翁	姑	臥	龍
검을 오	대 죽	구슬 옥	책 편	따뜻할 온	찰 랭	아버지 옹	시어미 고	누울 와	용 룡

緩	急	完	遂	往	來	王	妃	畏	兄
느릴 완	빠를 급	완전할 완	이룰 수	갈 왕	올 래	임금 왕	왕비 비	두려워할 외	맏 형

腰	刀	搖	籃	遙	拜	要	塞	牛	角
허리 요	칼 도	흔들 요	바구니 람	멀 요	절 배	중요할 요	요새 새	소 우	뿔 각
月 月 肝 脾 腰 腰 腰 フ 刀		扌 扌 扩 护 挼 挼 搖	竺 笁 笁 管 笒 篭 籃 籃	ク タ 夕 夋 冬 窑 遙 遙	三 扌 手 チ 手 拝 拝	一 一 一 一 一 一 宀 宁 宝 寀 寒 寒 塞		ノ ノ 二 牛 ノ ク 广 角 角 角 角
腰	刀	搖	籃	遙	拜	要	塞	牛	角

于	今	優	劣	羽	翼	宇	宙	郵	票
어조사 우	이제 금	뛰어날 우	못할 렬	날개 우	날개 익	하늘 우	하늘 주	우편 우	표 표
一 二 于 ノ 人 人 今		亻 亻 伢 停 傷 傷 優 丨 小 小 少 劣 劣		丿 丆 习 羽 羽 羽 刁 司 羽 智 翌 翠 翼 翼		丶 丷 宀 宁 宇 丶 丷 宀 宁 宙 宙		一 二 乒 垂 垂 郵 郵 一 西 西 西 票 票 票	
于	今	優	劣	羽	翼	宇	宙	郵	票

憂	患	又	況	運	輸	云	謂	原	稿
근심 우	근심 환	또 우	하물며 황	옮길 운	실어낼 수	이를 운	이를 위	근원 원	원고 고
一丙百直憂憂憂	口吕吕串患患	フ又	氵氵沪沪況	冖冃冒宣軍運運	亘車軒軒軩輪輸	一二䒑云	二亠言訂謂謂謂	一厂厂厉原原原	千禾禾秆稿稿稿
憂	患	又	況	運	輸	云	謂	原	稿

圓	舞	元	帥	怨	尤	源	泉	越	牆
둥글 원	춤출 무	으뜸 원	장수 수	원망할 원	탓할 우	근원 원	샘 천	넘을 월	담 장
丨冂門周圓圓圓	匸二無無舞舞	一二テ元	亻亻白白帥	クタ夗怨怨怨	一ナ九尤	氵氵沪沥源源	匕白白白皁泉	十𠂇走起越越越	爿爿牁牁牆牆牆
圓	舞	元	帥	怨	尤	源	泉	越	牆

危	徑	違	例	慰	安	偉	容	胃	腸
위태할 위	지름길 경	어길 위	법식 례	위로할 위	평안할 안	위대할 위	얼굴 용	밥통 위	창자 장
ノクヶ产产危	ㄔ彳彳征徑徑	土吉查韋違違	亻仃仔伢例例	尸尸尉尉慰	丶宀宀安安	亻亻仲伊偉偉	宀宀穴容容	丨口田田胃胃	月月肥肥腸腸

爲	主	委	託	威	脅	悠	久	誘	導
할 위	주인 주	맡길 위	부탁할 탁	으를 위	으를 협	멀 유	오랠 구	꾈 유	이끌 도
爫爫爲爲爲爲	丶亠主主	二千禾禾委委	丶亠言言訁託	厂厂厃反戚威	亻仳攸悠悠悠	言訁訐誘誘	ノク久	丶ソ艹首道導

有	無	維	新	愈	甚	猶	豫	遊	娛
있을 유	없을 무	개혁 유	새 신	더욱 유	심할 심	망설일 유	꾸물거릴 예	놀 유	즐거워할 오
ノナオ有有有	二無無無無	幺糸紀紗維維維	二立辛亲新新	人人今俞俞愈愈	十卄甘甘其甚甚	犭犭犴狞猶猶	マ予予圣豫豫豫	一方扩芳荻游遊	女女奴奴妈娛娛
有	無	維	新	愈	甚	猶	豫	遊	娛

唯	一	裕	足	乳	臭	幼	稚	幽	閉
오직 유	한 일	넉넉할 유	넉넉할 족	젖 유	냄새 취	어릴 유	어릴 치	가둘 유	가둘 폐
口叶吀咋唯唯 一		衤衤袶裕裕	口口足足	乑乑孚乳	自自皁臭臭	乚幺幻幼	二禾利秆稚稚稚	幺丝丝幽幽	門門門閉閉
唯	一	裕	足	乳	臭	幼	稚	幽	閉

儒	學	肉	身	潤	氣	閏	月	隱	蔽
유교 유	학문 학	몸 육	몸 신	윤택할 윤	기운 기	윤달 윤	달 월	숨을 은	가릴 폐
亻仁仴儒儒儒儒	𭓶𭓶𭓶與學學	丨冂内内肉肉	丿亻斤身身身	氵氵氵潤潤潤潤	𠂉𠂉气気気氣氣	𠃍𠃍門門門閏閏	丿几月月	阝阝阝隱隱隱	艹艹艹艹蔽蔽蔽
儒	學	肉	身	潤	氣	閏	月	隱	蔽

銀	漢	乙	丑	吟	詠	陰	陽	邑	誌
은빛 은	은하수 한	천간 을	지지 축	읊을 음	읊을 영	그늘 음	볕 양	고을 읍	기록 지
𠂉𠂉金釒釒釼銀 漢漢漢漢漢漢漢	乙 𠃌𠃍丑丑	丨口口叭吟吟 亠亠言訁訃詠詠	阝阝阝陰陰陰 阝阝門門陽陽	丨口口吕呂邑 亠亠言訁計誌誌
銀	漢	乙	丑	吟	詠	陰	陽	邑	誌

應	援	依	賴	衣	裳	疑	心	意	欲
응할 응	도울 원	의지할 의	의지할 뢰	옷 의	치마 상	의심할 의	마음 심	뜻 의	하고자할 욕

醫	院	耳	目	以	北	而	已	貳	丈
의원 의	집 원	귀 이	눈 목	써 이	북녘 북	뿐 이	뿐 이	두 이	길 장

移	轉	夷	險	因	果	忍	耐	刃	傷
옮길 이	옮길 전	평평할 이	험할 험	까닭 인	결과 과	참을 인	견딜 내	칼날 인	상할 상
千千千禾移移移	亠日車車軻轉轉	一一二弓弓夷	阝阡阼阼阽險險	丨冂冂円因因	丨冂日旦甲果果	フ刀刃刃忍忍忍	一ア厂厂而而耐耐	フ刀刃	亻亻仁仵仵傷傷傷
移	轉	夷	險	因	果	忍	耐	刃	傷

印	刷	仁	慈	引	責	姻	戚	日	輪
찍을 인	박을 쇄	어질 인	사랑 자	끌 인	책임 책	혼인 인	친척 척	해 일	바퀴 륜
ノ𠂉ŕŕ印印	フ尸尸屈刷刷	ノ亻仁仁	丷䒑产玆慈慈	フ弓引引	二十キ丰青青青責	乚女女如如如姻姻	厂厂厂厂咸戚戚	丨冂日日	亠日車車軻輪輪輪
印	刷	仁	慈	引	責	姻	戚	日	輪

壹	般	資	格	紫	檀	姉	妹	刺	殺
한 일	일반 반	지위 자	품격 격	자주빛 자	박달나무 단	누이 자	아래누이 매	찌를 자	죽일 살

雌	雄	自	他	姿	態	字	劃	爵	祿
암컷 자	수컷 웅	스스로 자	남 타	맵시 자	태도 태	글자 자	획 획	벼슬 작	녹 록

昨	春	暫	留	潛	跡	壯	途	帳	幕
지날 작	봄 춘	잠깐 잠	머무를 류	숨길 잠	발자취 적	씩씩할 장	길 도	장막 장	장막 막

莊	園	將	卒	長	銃	栽	培	災	殃
별장 장	동산 원	장수 장	군사 졸	길 장	총 총	심을 재	북돋을 배	재앙 재	재앙 앙

在	位	再	訂	抵	觸	貯	蓄	赤	道
있을 재	자리 위	거듭 재	바로잡을 정	맞닥뜨릴 저	범할 촉	쌓을 저	쌓을 축	붉을 적	길 도

賊	徒	摘	芽	敵	侵	的	確	田	畓
도둑 적	무리 도	딸 적	싹 아	원수 적	침노할 침	적실할 적	확실할 확	밭 전	논 답

展	覽	全	滅	典	雅	傳	染	專	制
펼 전	볼 람	온통 전	멸망할 멸	법 전	아담할 아	전할 전	물들 염	오로지 전	법도 제

前	後	絶	叫	折	枝	占	領	漸	次
앞 전	뒤 후	끊을 절	부르짖을 규	꺾을 절	가지 지	차지할 점	거느릴 령	점점 점	차례 차

接	賓	停	車	淨	潔	正	南	征	伐
맞을 접	손 빈	머무를 정	수레 거	깨끗할 정	깨끗할 결	바를 정	남녘 남	칠 정	칠 벌
扌扌扩护按接接	宀宀宀宀宕宕賓	丿亻亻亻伫伫停	一厂戸百亘車	氵氵氵冫冫净淨	氵氵汁洁潔潔潔	一丅下正正	一十内内南南南	丿彳彳彳行征征	丿亻亻仁代伐伐
接	賓	停	車	淨	潔	正	南	征	伐

精	誠	貞	淑	井	底	整	齊	丁	亥
정성 정	정성 성	곧을 정	맑을 숙	우물 정	밑 저	가지런할 정	가지런할 제	천간 정	지지 해
丷半米米精精精	亠言言訂訧誠誠	丶亠广卢貞貞貞	氵氵汁汁淑淑	一二于井	一广广庐底底	一束敕敕整整	亠亠亣亣斉齊齊	一丁	丶亠亥亥亥亥
精	誠	貞	淑	井	底	整	齊	丁	亥

提	供	堤	防	祭	祀	題	辭	第	二
내놓을 제	이바지 공	방죽 제	막을 방	제사 제	제사 사	머리말 제	말 사	차례 제	두 이
扌扌扩押捍捍提	丿亻仁仕供供供	土圵圷圴坞坞堤	阝阝阝阢阦防	ク夕夕夕奴奴祭	二丁亓示礽祀	日旦早是題題	辛辛辛辭辭	竹竹笁第第第	一 二
提	供	堤	防	祭	祀	題	辭	第	二

製	品	諸	侯	照	臨	早	晚	朝	暮
지을 제	물품 품	모든 제	제후 후	비칠 조	다다를 림	일찍 조	늦을 만	아침 조	저물 모
制制製製製	口口品品品	言計詳諸諸	亻亻伊侯侯	日日昭照照	臣臣臨臨臨	口日旦早	日日晚晚晚	古卓朝朝朝	艹苔莫莫暮
製	品	諸	侯	照	臨	早	晚	朝	暮

弔	詞	租	稅	燥	濕	組	版	族	譜
조상할 조	글 사	세금 조	세금 세	마를 조	젖을 습	짤 조	판목 판	겨레 족	계보 보
ᄀ ᄏ 弓 弔	ᄀ ᅟ ᅠ 訂 詞 詞	二 千 禾 租 租 租 租	二 千 禾 秒 秒 秒 稅	ᄀ ᄊ ᄊ 炉 焯 燥 燥	ᄀ ᄁ 汨 湿 濕 濕	ᄊ ᄉ 糸 組 組 組 組	ᄀ ᄁ 片 片 片 版 版	ᄀ ᅮ 方 ᅟ ᅠ 族 族	ᄀ ᅟ ᅠ 言 諝 諝 諝 譜 譜
弔	詞	租	稅	燥	濕	組	版	族	譜

尊	卑	宗	廟	縱	橫	坐	禪	左	右
높을 존	낮을 비	종묘 종	사당 묘	세로 종	가로 횡	앉을 좌	선 선	왼 좌	오른 우
八 ᅟ ᅠ 酋 酋 尊 尊	ᄀ 白 白 甶 ᅟ 卑 卑	ᄀ ᅮ 宀 宁 宇 宗 宗	广 广 庐 庐 庫 廟 廟	ᄊ ᄉ 糸 紣 紣 縱	十 木 村 杆 楕 橫 橫	ᄀ ᄊ ᄊ 坐 坐 坐	ᄀ ᅟ ᅠ 禅 禪 禪 禪	一 ᅮ 左 左 左	ノ ナ 大 右 右
尊	卑	宗	廟	縱	橫	坐	禪	左	右

罪	囚	州	民	注	釋	株	式	朱	顔
허물 죄	죄수 수	고을 주	백성 민	주석할 주	풀 석	주식 주	법 식	붉을 주	얼굴 안
罪罪罪罪罪罪 囚囚囚囚		州州州州州州 民民民民民		注注注注注注注 釋釋釋釋釋釋		株株株株株株株 式式式式式		朱朱朱朱朱朱 顔顔顔顔顔顔	
罪	囚	州	民	注	釋	株	式	朱	顔

晝	夜	周	圍	住	宅	俊	秀	遵	守
낮 주	밤 야	둘레 주	둘레 위	살 주	집 택	뛰어날 준	빼어날 수	좇을 준	지킬 수
晝晝晝晝晝晝 夜夜夜夜夜夜		周周周周周周周 圍圍圍圍圍圍圍		住住住住住住住 宅宅宅宅宅宅		俊俊俊俊俊俊俊 秀秀秀秀秀秀		遵遵遵遵遵遵遵 守守守守守守	
晝	夜	周	圍	住	宅	俊	秀	遵	守

仲	媒	重	文	中	央	卽	席	增	强
중개할 중	중매 매	겹칠 중	글월 문	가운데 중	가운데 앙	곧 즉	자리 석	더할 증	굳셀 강
ノイイ仴仴仲	乚女女妒妒媒	ノ二千斤斤盲重重	丶亠ナ文	丶口口中	丶口冂央央	丶ㄣ白白皀卽	丶亠广广庐席席	土扌圹圹增增	弓弜弜弜强强
仲	媒	重	文	中	央	卽	席	增	强

證	券	曾	孫	憎	惡	智	略	支	拂
증거 증	문서 권	거듭 증	손자 손	미워할 증	미워할 오	슬기 지	꾀 략	줄 지	털 불
言言訂訂訨證證	ハ八半失券券	ハ仏伫曲曾曾	乛孑孑孖孫孫	丶忄忄忄憎憎	一亚亞亞惡惡	一二矢知知智智	口田昤畋略略	一十步支	十扌扌护拂拂
證	券	曾	孫	憎	惡	智	略	支	拂

持	說	遲	速	知	識	志	操	指	揮
가질 지	말씀 설	더딜 지	빠를 속	알 지	알 식	뜻 지	지조 조	가리킬 지	휘두를 휘
亻亻扌扩扩持持	亠亠言訁訁說說	尸尸屖屖遲遲	一口束束速速	亠ᅩ矢矢知知	亠言言諳識識	一十士志志志	扌扌扌扌捏操操	一亻扌扐指指指	一亻扌扌捏揮揮
持	說	遲	速	知	識	志	操	指	揮

陳	腐	陣	營	眞	僞	珍	藏	盡	忠
묵을 진	썩을 부	진 진	진영 영	참 진	거짓 위	보배 진	감출 장	다할 진	충성 충
阝阝阣陌陳陳	广广府府府腐腐	阝阝阣阵陣陣	⺮⺮燮營營營	一匕匕旨直眞	亻亻伫伫僞僞	一王王珍珍珍	艹艹艹菏菏藏	一丑圭肀肃盡盡	丶口口中忠忠
陳	腐	陣	營	眞	僞	珍	藏	盡	忠

鎭	痛	進	退	振	幅	辰	韓	秩	序
진압할 진	아플 통	나아갈 진	물러날 퇴	떨 진	폭 폭	별 진	나라이름 한	차례 질	차례 서

執	脈	集	散	懲	戒	徵	兆	差	額
잡을 집	맥 맥	모을 집	흩을 산	징계할 징	경계할 계	조짐 징	조짐 조	어긋날 차	수효 액

錯	誤	贊	頌	慙	愧	參	與	倉	庫
어긋날 착	그릇할 오	찬성할 찬	칭송할 송	부끄러울 참	부끄러울 괴	참여할 참	참여할 여	곳집 창	곳집 고
ノ 乍 金 金 鉗 錯 錯	言 訶 詛 誤 誤	生 失 牪 替 贊 贊	八 公 公 竕 頌 頌	一 日 車 軒 甄 慙	十 忄 忄 悙 愧 愧	ム 矣 矣 矣 參	1 臼 臼 與 與	今 今 合 今 合 倉 倉	广 广 广 庐 庫 庫
錯	誤	贊	頌	慙	愧	參	與	倉	庫

唱	劇	蒼	天	滄	海	債	務	採	算
노래 부를 창	연극 극	푸를 창	하늘 천	푸를 창	바다 해	빚 채	힘쓸 무	가릴 채	셈할 산
丨 口 叩 唱 唱 唱	广 庐 虍 虜 劇 劇	艹 芷 芢 苍 蒼 蒼	一 二 于 天	氵 氵 冷 冷 滄 滄	氵 氵 汇 海 海 海	ノ イ 仁 伃 倩 債 債	マ ヌ 予 矛 矜 務 務	扌 扌 护 护 採 採	竹 笁 筲 笪 算 算
唱	劇	蒼	天	滄	海	債	務	採	算

菜	蔬	冊	卷	悽	慘	妻	妾	尺	度
나물 채	나물 소	책 책	책 권	슬퍼할 처	참혹할 참	아내 처	첩 첩	자 척	정도 도
艹艹艹芏芊菜	艹艹艹䓯蔬蔬	丿刀刀冊冊	八䒑半关卷卷	忄忄忄忄悽悽	忄忄忄忄悙悙慘	一彐彐圭妻妻妻	一亠亡安妾妾	一コ尸尺	一广广庐庐庐度
菜	蔬	冊	卷	悽	慘	妻	妾	尺	度

遷	都	淺	慮	踐	履	千	弗	川	魚
옮길 천	도읍 도	얕을 천	생각 려	행할 천	밟을 리	일천 천	달러 불	내 천	물고기 어
覀覀覀覀遷遷	土耂者者者都都	氵氵氵淺淺淺	广产虍虘慮慮	口卩𧾷𧾷踐踐踐	一尸尸尸屛屛履	一二千	一コ弓弗弗	丿川川	丿𠂊刍鱼鱼魚魚
遷	都	淺	慮	踐	履	千	弗	川	魚

鐵	鎖	哲	人	添	削	尖	塔	聽	講
쇠 철	자물쇠 쇄	밝을 철	사람 인	더할 첨	깎을 삭	뾰족할 첨	탑 탑	들을 청	강론할 강
牟金釒釒鐵鐵	𠂉金釒釒鎖鎖	扌扩扩折折哲	丿人	冫氵沃添添添	丨丬丬肖肖削	丨丨小尐尖尖	丨土圠圹塔塔	一耳耳聢聽聽	亠言言謙講講
鐵	鎖	哲	人	添	削	尖	塔	聽	講

靑	綠	廳	舍	淸	濁	體	熱	初	刊
푸를 청	초록빛 록	관청 청	집 사	맑을 청	흐릴 탁	몸 체	더울 열	처음 초	책 펴낼 간
二キ主丰靑靑	幺糸糽紵紵綠	广庐庐廊廳廳	人人今全舍舍	冫氵氵淸淸淸	冫氵氵渭濁濁	日田骨骨體體	土去幸執熱熱	丶ラオネ初初	一二千刊刊
靑	綠	廳	舍	淸	濁	體	熱	初	刊

抄	錄	招	聘	肖	像	超	逸	燭	臺
가릴 초	기록할 록	부를 초	부를 빙	닮을 초	형상 상	뛰어넘을 초	뛰어날 일	촛불 촉	대 대
一十才才扒抄	入牟金鈩鋁錄	一十才扌扣招招	一丁耳耵聃聘聘	丨小小宀肖肖	亻伀伀僋僋像像	十キ走起起超超	丶夕名多免逸逸	火灯炉焖燭燭	一十古直喜臺臺
抄	錄	招	聘	肖	像	超	逸	燭	臺

村	驛	總	點	聰	慧	最	良	催	眠
마을 촌	역 역	모두 총	수효 점	귀 밝을 총	지혜 혜	가장 최	좋을 량	재촉할 최	잠잘 면
一十才木村村	『馬馬馴驛驛	幺糸糺納總總	口日旦黑點點	一丁耳耵聏聰聰	三キ彗彗慧慧	口日旦旦是最最	丶ヲヨ艮良良	亻伀伀催催催	丨冂日日旷眠眠
村	驛	總	點	聰	慧	最	良	催	眠

抽	拔	追	憶	推	薦	秋	毫	逐	鹿
뽑을 추	뺄 발	쫓을 추	생각할 억	천거할 추	천거할 천	가을 추	가는 털 호	쫓을 축	사슴 록
扌扌扪扪抽抽	扌扌扌扴扳拔	丨亻亻亻自迫追	忄忄忄忄忄憶憶憶	扌扌扌扪扪推推	艹艹艹荐荐薦薦	一二千禾禾利秋秋	一亠古亨亨亳毫	一丆豸豕豖逐逐	一广庐庐庐鹿鹿
抽	拔	追	憶	推	薦	秋	毫	逐	鹿

畜	産	衝	突	取	捨	就	航	趣	向
기를 축	생산할 산	부딪칠 충	부딪칠 돌	취할 취	버릴 사	나아갈 취	건널 항	뜻 취	향할 향
亠亠玄畜畜畜畜	亠亠立产产産産	彳彳彳徝徝徝衝	宀宀宀空空突突	一丆F耳耴取取	扌扌扴拎拎捨捨	一亠亨京京就就	丿凢月舟舟舡航	土耂走走趣趣趣	丿亻冂向向向
畜	産	衝	突	取	捨	就	航	趣	向

側	近	測	量	齒	科	治	亂	置	簿
곁 측	가까울 근	측량할 측	헤아릴 량	이 치	과목 과	다스릴 치	어지러울 란	둘 치	장부 부
ノイ仴但俱側側	´厂厂斤斤近近	`氵汀汩泪測測	口日旦昌昌量量	止止齿齿齿齒齒	二千禾禾禾科科	`氵氵氵治治治	´´´´爲爲爲亂	罒罒罒罒置置	´´´竹笛簿簿
側	近	測	量	齒	科	治	亂	置	簿

致	賀	親	睦	漆	器	七	層	寢	室
드릴 치	하례할 하	친할 친	화목할 목	옻칠할 칠	그릇 기	일곱 칠	층 층	잠잘 침	방 실
一z至至致致致	フカ加加賀賀賀	´立辛亲新親親	目旷旷睦睦睦	`氵汁汴淶漆漆	´口四四哭哭器	一七	尸尸戸局屌層層	´宀宀宀宲寢寢	´宀宀宀宲室室
致	賀	親	睦	漆	器	七	層	寢	室

浸 透	稱 讚	快 晴	打 倒	墮 落
번질 침 / 통할 투	칭찬할 칭 / 기릴 찬	쾌할 쾌 / 갤 청	칠 타 / 넘어질 도	떨어질 타 / 떨어질 락
氵汙汙浻浸浸 / 二千禾禾秀诱透	二千禾禾稍稱稱 / 三言言譜譜讚讚	丶忄忄忄快快 / 冂日日旷晴晴	一十才打 / ノイ亻仵俉倒	阝阧陏陏隋墮 / 十艹艹莎荪落落
浸 透	稱 讚	快 晴	打 倒	墮 落

妥 協	琢 磨	彈 琴	脫 團	探 索
온당할 타 / 화합할 협	쫄 탁	갈 마	탈 탄 / 거문고 금	벗어날 탈 / 모임 단	찾을 탐 / 찾을 색
妥 協	琢 磨	彈 琴	脫 團	探 索

貪	財	泰	斗	殆	半	擇	偶	吐	露
탐낼 탐	재물 재	클 태	별 이름 두	거의 태	반 반	가릴 택	짝 우	토할 토	드러날 로
人今今含含貪貪	丨冂目貝貝財財	一三夫泰泰泰泰	、、二斗	一ブ歹歹殆殆殆	、ハ伞半	扌扩扩押擇擇擇	亻亻但但偶偶偶	丨口口叶吐	雨雨雨雰雰露露
貪	財	泰	斗	殆	半	擇	偶	吐	露

兎	脣	土	壤	討	議	投	球	特	殊
토끼 토	입술 순	흙 토	땅 양	궁구할 토	의논할 의	던질 투	공 구	특별할 특	뛰어날 수
一ノ白白兔兔 厂戶辰辰脣脣脣		一十土 土圹圹垆垆壤壤		、、言言言討討 言訂訃詳詳議議		一十扌扌护投投 一二王王玎玡球		ノ牛牛牜牪特特 ブタ歹歹殊殊殊	
兎	脣	土	壤	討	議	投	球	特	殊

派	遣	波	浪	罷	免	播	種	頗	香
보낼 파	보낼 견	물결 파	물결 랑	내칠 파	내칠 면	씨 뿌릴 파	씨 종	자못 파	향기 향
氵氵汀汀派派派	口口虫虫虫萝遣	氵氵氵汀沪波波	氵氵氵沪沪浪浪	口四四胃胃罷罷	丿ㄅㄅ冎冎免	扌扌扩押採播播	千禾禾和稻種種種	厂广皮广皮頗頗頗	一二千禾禾香香香
派	遣	波	浪	罷	免	播	種	頗	香

破	毀	販	路	八	斤	編	隊	遍	歷
깨뜨릴 파	헐 훼	팔 판	길 로	여덟 팔	근 근	엮을 편	군대 대	두루 편	다닐 력
丆石矴砃破破	𠂉白臼皇𣪚毀毀	目目貝貝販販販	口口足足趵跖路路	丿八	一厂斤斤	幺糸糹紵絹編編	丨阝阝阽阽隊隊	丶一户户扁遍遍	厂厂厈厤歷歷歷
破	毀	販	路	八	斤	編	隊	遍	歷

片	面	便	宜	平	凡	肺	臟	廢	止
한쪽 편	면 면	편할 편	마땅할 의	보통 평	범상할 범	허파 폐	오장 장	폐할 폐	그칠 지
丿丿片片	一丆而面面	亻亻𠂉𠂉𠂉便便	丶宀宀宁宜宜宜	一一一二平	丿几凡	月月𠂉𠂉肺肺肺	月𠂉𠂉膟膟臓臟臟	广广广庐庑廢廢	丨卜止止
片	面	便	宜	平	凡	肺	臟	廢	止

浦	口	包	裝	捕	捉	飽	享	爆	擊
물가 포	어귀 구	쌀 포	꾸밀 장	잡을 포	잡을 착	배부를 포	누릴 향	폭발할 폭	칠 격
氵汀汀汀浦浦浦	丨口口	丿勹勹勹包	丬壯壯裝裝裝	扌扌扌扩扩捕捕	扌扌扌捉捉捉捉	丿𠂉今𩙿𩙿飽飽	亠宀宁亨亨享	火𤋬𤋬煠爆爆爆	日車軎𡔷毄擊擊
浦	口	包	裝	捕	捉	飽	享	爆	擊

暴	利	表	裏	漂	泊	標	準	楓	岳
가로차갈 폭	이로울 리	거죽 표	속 리	떠돌 표	떠돌 박	표 표	법도 준	단풍나무 풍	큰 산 악
口日旦昃暴暴暴	一二千禾禾利利	三主丰李表表	亠宀亩重裏裏裏	丶氵沪渭漂漂	丶氵汋泊泊	十木栖栖標標標	氵汁浒浒淮淮準	十木机枫枫枫楓	一厂斤丘乒岳岳
暴	利	表	裏	漂	泊	標	準	楓	岳

被	檢	疲	困	皮	膚	彼	此	畢	竟
입을 피	검속할 검	지칠 피	곤할 곤	가죽 피	살갗 부	저 피	이 차	마칠 필	마침내 경
丶ラ禾初衤衤被被	十木松検検檢檢	广疒疒疒疒疲疲	丨冂冂用困困	丿厂广皮皮	广庐庸膚膚膚	彳彳彳衪彼彼	丨⺊止此此	丨口日昌昌畢畢	一亠立音音音竟
被	檢	疲	困	皮	膚	彼	此	畢	竟

筆	墨	必	須	荷	物	下	弦	寒	暖
붓 필	먹 묵	반드시 필	모름지기 수	짐 하	물건 물	아래 하	반달 현	찰 한	따뜻할 난
′ ⺮ ⺮ 竹 笁 笁 筆	口 曰 日 里 黑 墨 墨	′ ソ 必 必 必	′ 彡 彡 ⺁ 須 須 須	⺈ ⺾ 艹 䒑 荷 荷 荷	′ ⺦ 牛 牛 物 物 物	一 丁 下	′ 了 弓 弓⺀ 弦 弦	′ 宀 宀 宙 宙 寒 寒	′ 日 日 日⺀ 暖 暖 暖
筆	墨	必	須	荷	物	下	弦	寒	暖

旱	雷	閑	寂	汗	蒸	割	據	含	憤
가물 한	우뢰 뢰	한가할 한	고요할 적	땀 한	찔 증	나눌 할	웅거할 거	머금을 함	분할 분
′ 口 日 旦 旱 旱	宀 ⻗ 雩 雩 雷 雷	] ㄕ 門 門 閒 閑	′ 宀 宀 宇 宇 寂	′ 氵 氵 汗 汗	⺾ ⺾ ⺿ 荍 荥 蒸 蒸	′ 宀 宝 害 割 割	扌 扩 扩 扩 扩 據 據	′ 人 人 今 今 含 含	忄 忄 忄 忄 憤 憤 憤
旱	雷	閑	寂	汗	蒸	割	據	含	憤

咸	池	合	邦	抗	拒	巷	談	恒	常
다 함	못 지	합할 합	나라 방	대항할 항	맞설 거	거리 항	이야기 담	항상 항	항상 상
厂厂后咸咸咸	丶丶氵氵汁池	丿人亼亼合合	一二三丰丰邦邦	一十扌扌扩扩抗	一十扌扌打扣拒拒	一卅卅共苤苤巷	一二言言訪談談	丶丨忄忄恒恒恒	丨丷严严常常常
咸	池	合	邦	抗	拒	巷	談	恒	常

奚	暇	該	博	解	析	核	質	行	廊
어찌 해	겨를 가	넓을 해	넓을 박	풀 해	나눌 석	핵 핵	바탕 질	다닐 행	행랑 랑
一𠂉𢆉𢆉𢆉奚奚	日日旷旷暇暇	一二言言訪該該	十忄恒博博博	勹勹角角解解解	十才木木析析析	十木杧杧核核核	厂厂斤斤所所質	丿彳彳行行	一广广庐廊廊廊
奚	暇	該	博	解	析	核	質	行	廊

幸	福	許	諾	虛	實	軒	燈	革	政
다행 행	복 복	허락할 허	승낙할 락	빌 허	열매 실	추녀 헌	등잔 등	고칠 혁	정사 정

縣	令	絃	樂	懸	案	賢	愚	現	場
고을 현	우두머리 령	현악기 현	풍류 악	매달 현	안건 안	어질 현	어리석을 우	나타날 현	마당 장

顯	著	玄	黃	螢	雪	形	影	亨	通
나타날 현	나타날 저	검을 현	누를 황	반딧불 형	눈 설	형상 형	그림자 영	형통할 형	통할 통
日旦昌累顯顯顯	艹艹艹茅茅著著	亠亠玄玄	一艹艹芒苗苗黃	炏炏炏螢螢螢	一厂币币零雪雪	一二于开形形形	日旦昱景景影影	亠亠亠亨亨	一厂甬甬通通
顯	著	玄	黃	螢	雪	形	影	亨	通

惠	澤	好	感	浩	茫	互	選	豪	飮
은혜 혜	은혜 택	좋을 호	느낄 감	넓을 호	아득할 망	서로 호	뽑을 선	뛰어날 호	마실 음
一口曰曲車惠惠	氵氵澤澤澤澤澤	乙女女女好好	厂厂斤咸咸感感	氵氵浩浩浩浩	艹艹艹艹茫茫	一丆互互	巳巳巴뿌巽選選	亠亠亠亭豪豪	丿亽亽侴侴飮飮
惠	澤	好	感	浩	茫	互	選	豪	飮

胡	蝶	呼	出	護	憲	虎	穴	或	時
오랑캐 호	나비 접	부를 호	나갈 출	지킬 호	법 헌	범 호	구멍 혈	혹 혹	때 시

混	成	紅	爐	洪	水	華	麗	禾	苗
섞을 혼	이룰 성	붉을 홍	화로 로	큰물 홍	물 수	빛날 화	고울 려	벼 화	싹 묘

禍	厄	和	暢	貨	幣	擴	充	丸	藥
재앙 화	재앙 액	온화할 화	화창할 창	재화 화	돈 폐	늘릴 확	찰 충	둥글 환	약 약
二亍禾和祠禍	一厂厅厄	一二千禾禾和和	口日申甲甲甲暢暢	亻化化俏貨貨	八內用敝敝幣幣	扌扩扩擴擴擴	一亠云云充	丿九丸	艹艹芇茲華藥
禍	厄	和	暢	貨	幣	擴	充	丸	藥

荒	涼	皇	帝	回	顧	灰	壁	懷	抱
거칠 황	서늘할 량	임금 황	임금 제	돌아볼 회	돌아볼 고	석회 회	바람벽 벽	품을 회	안을 포
艹艹芒芒荒荒	氵汁汁浐涼涼	亻白白皁皇皇	一亠产产帝帝	冂冂冋回回	戶雇雇顧顧顧	一ナ大広灰	尸启臣辟辟壁壁	忄忄忄忄忄懷懷	扌扌扌抃抱抱
荒	涼	皇	帝	回	顧	灰	壁	懷	抱

悔	恨	曉	霧	孝	子	效	則	厚	薄
뉘우칠 회	뉘우칠 한	새벽 효	안개 무	효도 효	아들 자	본받을 효	법 칙	두터울 후	엷을 박

喉	舌	候	鳥	訓	育	休	憩	携	帶
목구멍 후	혀 설	철 후	새 조	가르칠 훈	기를 육	쉴 휴	쉴 게	들 휴	띠 대

胸	骨	凶	豊	吸	血	興	奮	戲	弄
가슴 흉	뼈 골	흉년들 흉	풍성할 풍	빨아들일 흡	피 혈	일어날 흥	떨칠 분	희롱할 희	희롱할 롱

稀	世	熙	笑	喜	悅	噫	嗚	希	願
드물 희	세상 세	기뻐할 희	웃을 소	기쁠 희	기쁠 열	탄식할 희	탄식할 오	바랄 희	원할 원

대입수능과 실생활에 바로 활용하는
사자성어

ㄱ

街談巷說(가담항설) : 항간에 떠도는 소문.

苛斂誅求(가렴주구) : ① 가혹하게 착취함. ② 조세를 가혹하게 징수함.

刻骨難忘(각골난망) : 은덕을 입은 고마움을 뼛속 깊이 새겨 잊지 않음. 白骨難忘(백골난망)

刻舟求劍(각주구검) : 낡은 생각만을 고집하여 융통성이 없고 세상일에 어둡다는 말.

甘呑苦吐(감탄고토) : 달면 삼키고 쓰면 뱉는다는 것으로 사리의 옳고 그름을 돌보지 않고 자기 이로울 대로 한다는 말.

甲男乙女(갑남을녀) : 평범한 사람들. 匹夫匹婦(필부필부), 張三李四(장삼이사)

康衢煙月(강구연월) : 큰 길에서 보는 평안한 풍경. 太平聖代(태평성대), 堯舜時代(요순시대)

改過遷善(개과천선) : 지난 허물을 고치고 옳은 길로 들어 섬.

去頭截尾(거두절미) : 일의 앞과 뒤를 잘라버리고 요점만 말함.

車載斗量(거재두량) : 수레에 싣고 말에 실을 만큼 많다는 뜻으로, 아주 흔함의 비유.

乾坤一擲(건곤일척) : 흥망·승패를 걸고 단판 승부를 겨루는 것. 垓下之戰(해하지전)

100

格物致知(격물치지) : ① 「대학」에 나오는 말로 6례(六禮)를 습득하여 지식을 명확히 한다는 말.
② 주자학의 용어로 사물의 이치를 연구하여 후천(後天)의 지식을 명확히 함.

隔世之感(격세지감) : 다른 세상으로 바뀐 듯 많은 변화가 있었음의 비유.

隔靴搔痒(격화소양) : 신을 신은 채 가려운 발바닥을 긁음과 같이 일의 효과를 나타내지 못함을 이름.

牽强附會(견강부회) : 이치에 맞지 않는 말을 억지로 끌어 붙여 자기 주장의 조건에 맞도록 함.
曲學阿世(곡학아세), 指鹿爲馬(지록위마)

犬馬之勞(견마지로) : ① 자기의 노력을 낮추어 하는 말. ② 임금이나 나라에 충성을 다하는 일.
犬馬之誠(견마지성), 盡忠報國(진충보국), 粉骨碎身(분골쇄신)

見物生心(견물생심) : 실물을 보고 욕심이 생김.

堅忍不拔(견인불발) : 굳게 참고 버티어 마음을 빼앗기지 아니 함.

結草報恩(결초보은) : 죽어서까지라도 은혜를 잊지 않고 갚음.

經國濟世(경국제세) : 나라를 경륜하고 세상을 구함. '經濟(경제)'는 이의 준말.

敬而遠之(경이원지) : 겉으로는 공경하는 체하면서 속으로는 멀리한다는 뜻, '敬遠(경원)'은 준말.

鷄卵有骨(계란유골) : 달걀 속에도 뼈가 있다는 뜻으로, 뜻밖에 장애물이 생김을 이르는 말.

股肱之臣(고굉지신) : 자신의 팔다리같이 믿음직스러워 중하게 여기는 신하.

膏粱珍味(고량진미) : 살찐 고기와 좋은 곡식으로 만든 맛있는 음식.

鼓腹擊壤(고복격양) : 백성이 천하의 태평을 즐김을 말함.

苦肉之策(고육지책) : 적을 속이기 위해 자신의 희생을 무릅쓰고 꾸미는 계책. 苦肉之計(교육지계)

孤掌難鳴(고장난명) : ① 손바닥 하나로는 소리가 나지 않는다는 뜻으로 혼자 힘으로 일하기 어렵다는 말. ② 서로 같으니 싸움이 난다는 말.

苦盡甘來(고진감래) : 고생 끝에 즐거움이 온다는 것을 말함.

曲學阿世(곡학아세) : 그른 학문으로 세속에 아부함.

管鮑之交(관포지교) : 옛날 중국의 관중과 포숙처럼 친구 사이가 다정함을 이름.
莫逆之友(막역지우), 水魚之交(수어지교), 刎頸之交(문경지교),
金蘭之交(금란지교), 竹馬故友(죽마고우)

刮目相對(괄목상대) : 눈을 비비고 본다는 말로, 다른 사람의 학문이나 덕행이 크게 진보한 것을 말함.

矯角殺牛(교각살우) : 뿔을 고치려다 소를 죽인다는 말로, 작은 일에 힘쓰다가 오히려 큰 일을 망친다는 뜻. 小貪大失(소탐대실)

巧言令色(교언영색) : 남에게 아첨하느라고 듣기 좋게 꾸미는 말과 얼굴빛.

사자성어

口尙乳臭(구상유취) : 입에서 젖내가 날 만큼 언행이 유치함.
九十春光(구십춘광) : ① 노인의 마음이 청년같이 젊음을 이름. ② 봄의 석달 구십일 동안.
九牛一毛(구우일모) : 아홉 마리 소 가운데 터럭 하나로, 많은 것 가운데 극히 적은 것을 말함.
九折羊腸(구절양장) : 양의 창자처럼 험하고 꼬불꼬불한 산길. 길이 매우 험함을 이름.
群鷄一鶴(군계일학) : 닭 무리에 끼여 있는 한 마리의 학이란 뜻으로, 평범한 사람 가운데서 뛰어난 사람. 白眉(백미), 囊中之錐(낭중지추)
群雄割據(군웅할거) : 여러 영웅이 각지에서 세력을 다툼.
勸善懲惡(권선징악) : 선행을 권하고 악행을 벌함.
捲土重來(권토중래) : ① 한 번 실패에 굴하지 않고 몇 번이고 다시 일어남.
② 세력을 회복하여 다시 쳐들어옴. 臥薪嘗膽(와신상담), 七顚八起(칠전팔기)
近墨者黑(근묵자흑) : 먹을 가까이 하는 사람은 검어진다는 뜻으로, 나쁜 사람과 사귀면 좋지 않은 버릇에 물들기 쉽다는 말.
金科玉條(금과옥조) : 금이나 옥같이 귀중한 법칙이나 규정을 말함.
錦上添花(금상첨화) : 좋고 아름다운 것 위에 더 좋은 것을 더한다는 뜻.
金石盟約(금석맹약) : 금석과 같이 굳게 맺은 약속.
錦衣夜行(금의야행) : 비단 옷을 입고 밤에 다닌다는 뜻으로, 성공을 했지만 아무런 효과를 내지 못하는 것을 이름.
錦衣還鄕(금의환향) : 비단 옷을 입고 고향으로 돌아온다는 뜻으로, 타향에서 크게 성공하여 자기 집으로 돌아감을 이름.
金枝玉葉(금지옥엽) : 임금의 자손이나 귀한 집안의 귀여운 자손을 일컫는 말.

ㄴ

難兄難弟(난형난제) : 누구를 형이라 하고 누구를 동생이라 할지 분간하기가 어려움. 옳고 그름이나 우열을 가리기가 어렵다는 말. 莫上莫下(막상막하), 伯仲之勢(백중지세)
南柯一夢(남가일몽) : 꿈과 같이 헛된 한때의 부귀영화를 일컬음. 一場春夢(일장춘몽), 醉生夢死(취생몽사)
男負女戴(남부여대) : 남자는 지고 여자는 이고 간다는 뜻으로, 가난한 사람이 정처 없이 떠돌아다니며 사는 것을 말함.
囊中之錐(낭중지추) : 주머니 속에 든 송곳과 같이 재주가 뛰어난 사람은 숨어 있어도 저절로 사람들이 알게 됨을 말함.

囊中取物(낭중취물) : 주머니 속의 물건을 꺼내는 것같이 매우 용이한 일을 말함.
綠衣紅裳(녹의홍상) : 연두 저고리에 다홍치마, 즉 곱게 차려 입은 젊은 아가씨의 복색.
弄瓦之慶(농와지경) : 딸을 낳은 기쁨.
弄璋之慶(농장지경) : 아들을 낳은 기쁨.

ㄷ

簞食瓢飮(단사표음) : 도시락 밥과 표주박 물, 즉 변변치 못한 음식이라는 말.
丹脣皓齒(단순호치) : 붉은 입술과 흰 이, 곧 아름다운 여자의 얼굴. 傾國之色(경국지색), 絕世佳人(절세가인), 花容月態(화용월태), 月下佳人(월하가인)
達八十(달팔십) : 강태공(姜太公)이 80세에 주무왕(周武王)을 만나 정승이 된 후 80년을 호화롭게 살았다는 옛말에서 유래되어 호화롭게 사는 것을 말함. 窮八十(궁팔십)
堂狗風月(당구풍월) : 무식한 자도 유식한 자와 같이 있으면 다소 감화를 받게 된다는 뜻.
大器晚成(대기만성) : 큰 그릇은 이루어짐이 더디다는 말로, 크게 될 사람은 성공이 늦다는 뜻.
大書特筆(대서특필) : 특히 드러나게 큰 글자로 적어 표시함.
塗炭之苦(도탄지고) : 진구렁이나 숯불에 빠졌다는 뜻으로 몹시 고생스러움을 일컫는 말.
東家食西家宿(동가식서가숙) : 먹을 곳, 잘 곳이 없이 떠도는 사람, 또는 그런 짓. 風餐露宿(풍찬노숙)
棟梁之材(동량지재) : 기둥이나 들보가 될 만한 훌륭한 인재.
東問西答(동문서답) : 묻는 말에 대하여 아주 엉뚱한 방향으로 대답함.
同病相憐(동병상련) : 어려운 처지에 놓인 사람끼리 서로 동정하고 도움.
東奔西走(동분서주) : 사방으로 바삐 쏘다님.
同床異夢(동상이몽) : 같은 처지나 입장에서 저마다 딴 생각을 함.
得隴望蜀(득롱망촉) : 중국 한나라 때 광무제가 농(隴)을 정복한 뒤 다시 촉(蜀)을 쳤다는 데서 나온 말로, 끝없는 욕심을 말함.
登高自卑(등고자비) : ① 높은 곳에 이르기 위해서는 낮은 곳부터 밟아야 한다는 뜻으로, 일을 하는 데는 반드시 차례를 밟아야 한다는 말. ② 지위가 높아질수록 스스로를 낮춘다는 말.
登龍門(등용문) : 용문(龍門)은 황허 상류의 급류인데, 잉어가 여기에 오르면 용이 된다는 고사에서 비롯된 말로, 출세할 수 있는 지위에 오름을 뜻함.

사자성어

燈下不明(등하불명) : 등잔 밑이 어둡다는 뜻으로, 가까이 있는 것에 더 어두움을 이르는 말.
燈火可親(등화가친) : 가을이 되어 서늘하면 밤에 등불을 가까이 하여 글 읽기에 좋다는 말.

ㅁ

馬耳東風(마이동풍) : 남의 말을 귀담아 듣지 않고 흘려버리는 것을 말함. 우이독경(牛耳讀經)
莫上莫下(막상막하) : 실력에 있어 낫고 못함이 없이 비슷함.
莫逆之友(막역지우) : 매우 친한 벗.
萬頃蒼波(만경창파) : 한없이 넓고 푸른 바다.
萬古風霜(만고풍상) : 사는 동안에 겪은 많은 고생.
麥秀之嘆(맥수지탄) : 기자(箕子)가 은(殷)이 망한 후 그 폐허에 보리만 자람을 보고 한탄했다는 고사에서 유래되어, 고국(故國)의 멸망을 한탄함을 이르는 말.
明鏡止水(명경지수) : ① 거울과 같이 맑고 잔잔한 물. ② 잡념과 허욕이 없이 맑고 깨끗함.
名實相符(명실상부) : 이름과 실제가 서로 부합함.
明若觀火(명약관화) : 불을 보듯 환하게 알 수 있음.
命在頃刻(명재경각) : 곧 숨이 끊어질 지경에 이름.
矛盾撞着(모순당착) : 같은 사람의 문장이나 언행이 앞뒤가 서로 어그러져서 모순되는 일.
目不識丁(목불식정) : 낫 놓고 기역자도 모를 만큼 무식함을 이름.
目不忍見(목불인견) : 차마 눈뜨고 볼 수 없는 참상이나 꼴불견.
武陵桃源(무릉도원) : 신선이 살았다는 전설적인 중국의 명승지. 곧 속세를 떠난 별천지를 뜻함.
文房四友(문방사우) : 서재에 꼭 있어야 할 네 벗. 즉 종이(紙)·붓(筆)·벼루(硯)·먹(墨).
門前成市(문전성시) : 권세가 높거나 부자가 되어 찾아오는 손님들로 마치 시장을 이룬 것 같음.
門前沃畓(문전옥답) : 집 앞 가까이에 있는 좋은 논.

ㅂ

拍掌大笑(박장대소) : 손바닥을 치면서 크게 웃음.
拔本塞源(발본색원) : 폐단의 근원을 뿌리뽑아 없애 버림을 뜻함.
傍若無人(방약무인) : 언행이 방자한 사람.

背恩忘德(배은망덕) : 은혜를 잊고 도리어 배반함.
白骨難忘(백골난망) : 죽어도 잊지 못할 만큼 큰 은혜를 입음.
百年河淸(백년하청) : 아무리 세월이 가도 일을 해결할 희망이 없음.
白面書生(백면서생) : 글만 읽고 세상 일에 어두운 사람.
百折不屈(백절불굴) : 갖가지 수단을 다해 꺾으려고 해도 굽히지 않음.
伯仲之勢(백중지세) : 우열(優劣)의 차이가 없이 엇비슷함을 이르는 말.
夫唱婦隨(부창부수) : 남편이 창(唱)을 하면 아내도 따라 하는 것이 부부화합의 도(道)라는 것.
　　　　　　　　　　女必從夫(여필종부)
附和雷同(부화뇌동) : 제 주견이 없이 남이 하는 대로 그저 무턱대고 따라함.
粉骨碎身(분골쇄신) : 뼈가 가루가 되고 몸이 부서지도록 힘을 다하여 일하는 것.
不共戴天之讐(불공대천지수) : 같은 하늘 아래 살 수 없는 원수. 어버이의 원수를 말함.
不問曲直(불문곡직) : 옳고 그름을 묻지 아니하고 함부로 함.
不恥下問(불치하문) : 자기보다 아랫사람에게 묻는 것을 부끄러워하지 않음.

人

四顧無親(사고무친) : 의지할 곳 없이 외로움. 孤立無依(고립무의)
四面楚歌(사면초가) : 한 사람도 도우려는 자가 없이 고립되어 곤경에 처해 있음.
砂上樓閣(사상누각) : 모래 위에 지은 집. 곧 헛된 것의 비유.
事必歸正(사필귀정) : 모든 일은 반드시 바른 데로 돌아감.
山上垂訓(산상수훈) : 예수가 산꼭대기에서 한 설교.
山戰水戰(산전수전) : 세상 일에 경험이 많다는 뜻.
山海珍味(산해진미) : 산과 바다의 산물(産物)을 다 갖추어 썩 잘 차린 귀한 음식.
殺身成仁(살신성인) : 목숨을 버려 사랑(仁)을 이룸.
三顧草廬(삼고초려) : 중국 삼국시대에 촉한의 유비가 제갈 공명을 세 번이나 찾아가 군사(軍師)로
　　　　　　　　　초빙한 데서 나온 말.
三旬九食(삼순구식) : 빈궁하여 먹을 것이 부족함.
三遷之敎(삼천지교) : 맹자의 어머니가 아들의 교육을 위하여 세 번 거처를 옮겼다는 고사로, 생활
　　　　　　　　　환경이 교육에 큰 구실을 함을 말함.

사자성어

桑田碧海(상전벽해) : 뽕나무밭이 변하여 바다가 된다는 말로, 세상 일의 변천이 심함을 비유하는 말.
塞翁之馬(새옹지마) : 인간 세상의 길흉화복(吉凶禍福)이 서로 순환되어 뚜렷이 정해진 바가 없는 것을 말함. 轉禍爲福(전화위복)
先見之明(선견지명) : 앞 일을 미리 판단하는 총명.
雪上加霜(설상가상) : 눈 위에 또 서리가 덮인다는 뜻으로, 불행이 거듭 생김을 말함.
說往說來(설왕설래) : 서로 변론(辯論)을 주고받으며 옥신각신하는 것.
纖纖玉手(섬섬옥수) : 가냘프고 고운 여자의 손.
送舊迎新(송구영신) : 세밑에 묵은 해를 보내고 새해를 맞이하는 일을 이름.
首邱初心(수구초심) : 여우가 죽을 때 머리를 자기가 살던 굴로 향한다는 말로 고향을 그리워하는 마음.
壽福康寧(수복강녕) : 오래 살고 복되며 건강하고 평안함을 이르는 말.
袖手傍觀(수수방관) : 팔짱을 끼고 보고만 있다는 뜻으로, 어떤 일을 당하여 옆에서 보고만 있는 것.
誰怨誰咎(수원수구) : 남을 원망하거나 탓할 게 없음.
脣亡齒寒(순망치한) : 입술이 없으면 이가 시린 것처럼, 서로 돕던 이가 망하면 다른 한쪽 사람도 함께 위험하다는 뜻.
是是非非(시시비비) : 옳고 그름을 가림.
尸位素餐(시위소찬) : 재덕·공로가 없이 한갓 관위(官位)만 차지하고 녹을 받는 일.
識字憂患(식자우환) : 아는 것이 탈이라는 말로 학식이 있는 것이 도리어 근심을 사게 됨을 말함.
身言書判(신언서판) : 사람됨을 판단하는 네 가지 기준으로, 곧 신수(身手)와 말씨와 문필과 판단력.
神出鬼沒(신출귀몰) : 자유자재로 출몰하여 그 변화를 헤아릴 수 없는 일.
十匙一飯(십시일반) : 열 사람이 한 술씩 보태면 한 그릇이 되듯 여럿이 한 사람 돕기는 쉽다는 말.
十日之菊(십일지국) : 국화는 9월 9일이 절정으로, 이미 때가 늦었다는 말.

ㅇ

阿鼻叫喚(아비규환) : 많은 사람이 지옥 같은 고통을 못 이겨 부르짖는 소리. 심한 참상을 형용하는 말.
我田引水(아전인수) : 제 논에 물대기로 자기에게만 이롭게 하려는 것을 뜻함.
羊頭狗肉(양두구육) : 양의 머리를 내걸고 개고기를 판다는 뜻. 즉 겉모양은 훌륭하나 속은 변변치 않은 것을 말함.

梁上君子(양상군자) : 들보 위에 있는 군자라는 뜻으로 도둑을 말함.
漁父之利(어부지리) : 양자(兩者)가 이익을 위하여 서로 다투고 있을 때, 제삼자가 그 이익을 가로채 가는 것을 말함. 犬兎之爭(견토지쟁)
言中有骨(언중유골) : 예사로운 말속에 깊은 뜻이 있는 것을 말함.
如反掌(여반장) : 손바닥을 뒤집는 것 같다는 뜻으로 일하기가 대단히 쉬운 것을 말함.
緣木求魚(연목구어) : 나무에 올라가 고기를 구하듯 불가능한 일을 하고자 하는 것을 비유하는 말.
拈華微笑(염화미소) : 마음에서 마음으로 전하는 일. 以心傳心(이심전심), 拈華示衆(염화시중)
五里霧中(오리무중) : 짙은 안개 속에서 길을 찾기가 어려운 것같이 일의 갈피를 잡기 어려움을 말함.
烏飛梨落(오비이락) : 우연의 일치로 남의 의심을 받았을 때 하는 말. '까마귀 날자 배 떨어진다.'
傲霜孤節(오상고절) : 서릿발 날리는 추운 때에도 굴하지 않고 외로이 지키는 절개라는 뜻으로, 국화를 두고 하는 말.
五十步百步(오십보백보) : 양자간에 차이는 있으나 본질적으로 같다는 뜻. 大同小異(대동소이)
吳越同舟(오월동주) : 서로 반목하면서도 공통의 곤란이나 이해(利害)에 대하여 협력하는 것을 비유하는 말.
烏合之衆(오합지중) : 까마귀 떼와 같이 조직도 훈련도 없이 모인 무리. 烏合之卒(오합지졸)
溫故知新(온고지신) : 옛 것을 익히고 나아가 새 것을 배우는 학문 태도를 말함.
臥薪嘗膽(와신상담) : 섶에 누워 쓸개를 씹는다는 뜻으로, 원수를 갚고자 고생을 참고 견딤을 비유하는 말.
樂山樂水(요산요수) : 지자요수 인자요산(知者樂水 仁者樂山)의 준말로 지혜 있는 자는 사리에 통달하여 물과 같이 막힘이 없으므로 물을 좋아하고, 어진 자는 의리에 밝고 산과 같이 중후하여 변하지 않으므로 산을 좋아한다는 뜻.
龍頭蛇尾(용두사미) : 처음에는 그럴 듯하다가 끝이 흐지부지되는 것.
唯我獨尊(유아독존) : 세상에서 오직 나만이 훌륭하다는 생각.
流言蜚語(유언비어) : 아무 근거 없이 널리 떠돌아다니는 소문.
類類相從(유유상종) : 동류(同類)끼리 서로 왕래하며 사귐. 草綠同色(초록동색)
吟風弄月(음풍농월) : 맑은 바람과 밝은 달을 벗삼아 시를 짓고 즐김.
以心傳心(이심전심) : 말이나 글을 쓰지 않고 마음에서 마음으로 전한다는 말로, 곧 마음으로 이치를 깨닫게 한다는 뜻. 拈華示衆(염화시중)
二律背反(이율배반) : 서로 모순되는 명제(命題)가 동등하게 주장되는 일.

사자성어

李下不整冠(이하부정관) : 오얏나무 아래서는 갓을 고쳐 쓰지 말라는 뜻. 즉 남에게 의심받을 일을 하지 않도록 주의하라는 말.

耳懸鈴鼻懸鈴(이현령비현령) : 귀에 걸면 귀걸이, 코에 걸면 코걸이라는 말로 이렇게도 저렇게도 될 수 있음을 비유하는 말.

益者三友(익자삼우) : 사귀어 이로운 세 벗. 즉 정직한 사람, 신의(信義) 있는 사람, 학식 있는 사람.

因果應報(인과응보) : 좋은 일에는 좋은 결과가, 나쁜 일에는 나쁜 결과가 따른다는 말.

日久月深(일구월심) : 세월(歲月)이 흐를수록 바라는 마음이 더욱 간절해짐.

一魚濁水(일어탁수) : 물고기 한 마리가 물을 흐리게 하듯 한 사람의 악행(惡行)으로 인하여 여러 사람이 그 해를 받게 되는 것.

一日三秋(일일삼추) : 하루가 3년처럼 길게 느껴짐. 즉 몹시 애태우며 기다림.

一場春夢(일장춘몽) : 인생의 영화(榮華)는 한바탕의 봄 꿈과 같이 헛됨.

日就月將(일취월장) : 나날이 다달이 진보함. 날로 진보하여 감.

一筆揮之(일필휘지) : 단숨에 글씨나 그림을 힘차게 쓰거나 그리는 것.

ㅈ

自家撞着(자가당착) : 같은 사람의 문장이나 언행이 앞뒤가 서로 어그러져서 모순되는 일. 矛盾撞着(모순당착)

自繩自縛(자승자박) : 제 새끼줄로 제 목 매기. 곧 자기 행동으로 말미암아 자기가 괴로움을 받게 된다는 뜻. 自業自得(자업자득)

自畵自讚(자화자찬) : 자기가 한 일을 스스로 자랑하는 것을 이름.

張三李四(장삼이사) : 장씨(張氏)의 삼남(三男)과 이씨(李氏)의 사남(四男)이란 뜻으로 평범한 사람들을 가리킴.

賊反荷杖(적반하장) : 도둑이 도리어 매를 든다는 뜻으로, 잘못한 사람이 도리어 잘한 사람을 나무라는 경우에 쓰는 말.

赤手空拳(적수공권) : 맨손과 맨주먹. 곧 아무것도 가진 것이 없음.

戰戰兢兢(전전긍긍) : 어떤 일 또는 사람에 맞닥뜨려 매우 두려워하여 겁냄을 나타냄.

轉禍爲福(전화위복) : 화(禍)를 바꾸어 복으로 한다는 뜻이니, 궂은 일을 당했을 때 그것을 잘 처리해서 좋은 일이 되게 하는 것.

漸入佳境(점입가경) : 어떤 일이나 상태가 점점 더 재미있는 경지로 들어감을 나타냄.

切齒腐心(절치부심) : 이를 갈며 속을 썩임으로 몹시 분함을 말함.
頂門一鍼(정문일침) : 정수리에 침을 준다는 말로, 잘못의 급소를 찔러 충고하는 것.
井底之蛙(정저지와) : 견문이 좁고 세상 형편을 모름. '우물 안 개구리'
糟糠之妻(조강지처) : 가난을 참고 고생을 같이 하며 남편을 섬긴 아내.
朝令暮改(조령모개) : 법령을 자꾸 바꿔서 종잡을 수 없음을 비유하는 말. 朝變夕改(조변석개)
朝三暮四(조삼모사) : ① 간사한 꾀로 사람을 속여 희롱함. ② 눈앞에 당장 나타나는 차별만을 알고 그 결과가 같음을 모름. 姑息之計(고식지계)
左顧右眄(좌고우면) : 좌우를 자주 둘러본다는 뜻으로. 무슨 일을 얼른 결정짓지 못함을 비유.
坐不安席(좌불안석) : 마음에 불안이나 근심 등이 있어 한자리에 오래 앉아 있지 못함.
左之右之(좌지우지) : ① 제 마음대로 자유롭게 처리함. ② 남을 마음대로 부림.
主客顚倒(주객전도) : 주인은 손님처럼 손님은 주인처럼 각각 행동을 바꾸어 한다는 것으로 입장이 뒤바뀐 것을 나타냄. 本末顚倒(본말전도)
走馬加鞭(주마가편) : 달리는 말에 채찍을 더한다는 말로, 잘하는 사람에게 더 잘하도록 하는 것.
走馬看山(주마간산) : 말을 달리면서 산을 본다는 말로 자세히 보지 못하고 지나침을 뜻함.
酒池肉林(주지육림) : 방탕하고 사치스러운 생활을 뜻함.
竹馬故友(죽마고우) : 죽마를 타고 놀던 벗, 곧 어릴 때 같이 놀던 친한 친구.
竹杖芒鞋(죽장망혜) : ① 대지팡이와 짚신. ② 가장 간단한 보행이나 여행의 차림.
衆寡不敵(중과부적) : 적은 수효로는 많은 수효를 대적하지 못한다는 뜻.
衆口難防(중구난방) : 뭇사람의 말을 다 막기는 어렵다는 뜻
重言復言(중언부언) : 한 말을 자꾸 되풀이함.
中原逐鹿(중원축록) : 중원(中原)은 중국 또는 천하(天下)를 말하며, 축록(逐鹿)은 서로 경쟁한다는 말. 영웅들이 다투어 천하를 얻고자 함을 뜻함.
指鹿爲馬(지록위마) : 중국 진나라의 조고(趙高)가 이세황제(二世皇帝)에게 사슴을 말이라고 속여 바친 일에서 유래하는 고사로, 윗사람을 농락하여 권세를 마음대로 함을 가리킴. 牽强附會(견강부회)
支離滅裂(지리멸렬) : 갈가리 찢어지고 흩어져 갈피를 잡을 수 없게 됨.
進退維谷(진퇴유곡) : 앞으로 나아갈 수도 뒤로 물러설 수도 없이, 꼼짝할 수 없는 궁지에 빠짐. 進退兩難(진퇴양난), 四面楚歌(사면초가)
嫉逐排斥(질축배척) : 시기하고 미워하여 물리침.

사자성어

ㅊ

此日彼日(차일피일) : 오늘내일 하면서 자꾸 미룸.
滄海一粟(창해일속) : 한없이 넓은 바다에 떠있는 한 알의 좁쌀이라는 뜻으로, 크고 넓은 것 가운데에 있는 아주 작은 것을 비유하는 말. 九牛一毛(구우일모)
天高馬肥(천고마비) : 하늘은 높고 말이 살찐다는 뜻으로, 가을이 썩 좋은 계절임을 일컫는 말.
天方地軸(천방지축) : ① 매우 급해서 허둥거리는 모습.
　　　　　　　　　　② 어리석은 사람이 갈 바를 몰라 두리번거리는 모습.
泉石膏肓(천석고황) : 고질병이 되다시피 산수 풍경을 좋아하는 것.
天衣無縫(천의무봉) : 선녀의 옷은 기운 데가 없다는 말로, 문장이 훌륭하여 손댈 곳이 없을 만큼 잘 되었음을 가리키는 말.
千仞斷崖(천인단애) : 천 길이나 되는 깎아지른 듯한 벼랑.
千紫萬紅(천자만홍) : 가지가지 빛깔로 만발한 꽃.
千載一遇(천재일우) : 천 년에나 한 번 만날 수 있는 기회, 곧 좀처럼 얻기 어려운 기회.
徹頭徹尾(철두철미) : ① 처음부터 끝까지 투철함을 뜻함. ② 하나도 빼놓지 않고 샅샅이.
徹天之冤(철천지원) : 하늘에 사무치도록 큰 원한.
靑出於藍(청출어람) : 쪽에서 우러난 푸른빛이 쪽보다 더 푸르다는 말로, 제자가 스승보다 낫다는 뜻. 後生可畏(후생가외)
寸鐵殺人(촌철살인) : 조그만 쇠붙이로 사람을 죽인다는 것으로, 간단한 말로 사물의 가장 요긴한 데를 찔러 듣는 사람을 감동하게 하는 것. 頂門一鍼(정문일침)
春雉自鳴(춘치자명) : 봄 꿩이 스스로 운다는 말로 시키거나 요구하지 아니하여도 제풀에 하는 것을 말함.
醉生夢死(취생몽사) : 아무 뜻과 이룬 일도 없이 한평생을 흐리멍덩하게 살아감.
七顚八起(칠전팔기) : 여러 번 실패해도 굽히지 않고 분투함을 일컫는 말.
七縱七擒(칠종칠금) : 제갈 공명의 전술로 일곱 번 놓아주고 일곱 번 잡는다는 말로, 자유자재의 전술을 가리킴.
針小棒大(침소봉대) : 바늘을 몽둥이라고 말하듯 과장해서 말하는 것.

ㅌ

他山之石(타산지석) : 다른 산에서 난 돌도 자기의 구슬을 가는 데 소용이 된다는 뜻으로, 다른 사람의 하찮은 언행일지라도 자기의 지덕을 연마하는데 도움이 된다는 말.

卓上空論(탁상공론) : 실현성이 없는 허황된 이론.
貪官汚吏(탐관오리) : 탐욕이 많고 마음이 깨끗하지 못한 관리.
泰山北斗(태산북두) : 태산과 북두칠성을 우러러보는 것처럼, 남으로부터 그런 존경을 받는 존재.

ㅍ

波瀾重疊(파란중첩) : 어려운 일이 복잡하게 겹침. 雪上加霜(설상가상)
破顔大笑(파안대소) : 얼굴이 일그러지고 깨질 정도로 크게 웃음.
破竹之勢(파죽지세) : 대가 쪼개지듯 세력이 강하여 걷잡을 수 없이 나아가는 모양.
弊袍破笠(폐포파립) : 헤진 옷과 부서진 갓, 곧 너절하고 구차한 차림새.
抱腹絶倒(포복절도) : 배를 안고 몸을 가누지 못할 정도로 몹시 웃음.
風前燈火(풍전등화) : 바람 앞에 켠 등불처럼 매우 위급한 경우에 놓여 있음을 가리키는 말.
百尺竿頭(백척간두)
風餐露宿(풍찬노숙) : 바람과 이슬을 맞으며 한 데서 지냄. 큰 일을 이루려는 사람이 고초를 겪는 모양.
匹夫匹婦(필부필부) : 평범한 남자와 평범한 여자.
必有曲折(필유곡절) : 반드시 어떠한 까닭이 있음.

ㅎ

下石上臺(하석상대) : 아랫돌을 뽑아 첫돌을 괴고 윗돌을 뽑아 아랫돌 괴기. 곧 임시 변통으로 이리저리 둘러맞춤.
鶴首苦待(학수고대) : 학의 목처럼 목을 길게 늘여 몹시 기다린다는 뜻.
漢江投石(한강투석) : 한강에 돌 던지기. 지나치게 미미하여 전혀 효과가 없음을 비유하는 말.
汗牛充棟(한우충동) : 실으면 소가 땀을 흘리고, 쌓으면 들보에까지 가득 찰 만큼 많다는 뜻으로, 썩 많은 장서를 가리키는 말.
緘口無言(함구무언) : 입을 다물고 말이 없음.
含哺鼓腹(함포고복) : 배불리 먹고 즐겁게 지냄.
咸興差使(함흥차사) : 심부름을 시킨 뒤 아무 소식이 없거나 회답이 더디 올 때 쓰는 말.

사자성어

偕老同穴(해로동혈) : 부부가 함께 늙고, 죽어서는 한곳에 묻힌다는 것으로 부부의 사랑을 뜻함.
孑孑單身(혈혈단신) : 의지할 곳 없는 외로운 홀몸.
螢雪之功(형설지공) : 중국 진나라의 차윤(車胤)이 반딧불로 글을 읽고 손강(孫康)이 눈빛으로 글을 읽었다는 고사에서 온 말로, 고생해서 공부한 공이 드러남을 비유.
好事多魔(호사다마) : 좋은 일에는 방해가 많음.
浩然之氣(호연지기) : 하늘과 땅 사이에 넘치게 가득 찬 넓고도 큰 원기.
魂飛魄散(혼비백산) : 몹시 놀라 정신이 없음.
畵龍點睛(화룡점정) : 용을 그려놓고 마지막으로 눈을 그려 넣음. 즉 가장 요긴한 부분을 완성시킴.
花容月態(화용월태) : 아름다운 여자의 고운 용태(容態)를 이르는 말.
畵中之餠(화중지병) : 그림 속의 떡이란 뜻으로, 바라만 보았지 소용에 닿지 않음을 비유.
後生可畏(후생가외) : 「논어」에 나오는 말로, 후진들이 선배들보다 나아 오히려 두렵게 여겨진다는 뜻.